עדנה גינוסר

ספרות על קצה הלשון

ספר לימוד לשלב הביניים

Sifrut Al Ketzeh HaLashon

Intermediate Hebrew

by Edna Genossar Grad

Illustrations by Nina Miller

Northwestern University Press
Evanston, IL

שֵׁם: ____________

א. עֲנֵה עַל הַשְּׁאֵלוֹת:

1. מַהֵן עוֹנוֹת הַשָּׁנָה (כְּתֹב לְפִי הַסֵּדֶר):

____

2. מַהִי הָעוֹנָה הַחַמָּה בְּיוֹתֵר בַּשָּׁנָה?

____

3. בְּאֵיזוֹ עוֹנָה טוֹב לָלֶכֶת לַיָּם?

____

4. בְּאֵיזוֹ עוֹנָה חָל חַג הַפֶּסַח?

____

5. אֵילוּ חַגִּים חָלִים בַּסְּתָו?

____

6. מַהִי הָעוֹנָה הָאֲהוּבָה עָלֶיךָ בְּיוֹתֵר? מַדּוּעַ?

____

7. בְּאֵיזֶה עֲנַף סְפּוֹרְט אַתָּה עוֹסֵק בְּמֶשֶׁךְ שְׁנַת הַלִּמּוּדִים?

____

ב. הַשְׁלֵם בְּעֶזְרַת שֵׁם הַפְּעוּלָה:

1. נָעִים לִי לָשֶׁבֶת אִתְּכֶם. הַ ________ אִתְּכֶם נְעִימָה לִי.
2. הוּא לֹא שׁוֹמֵעַ, כְּשֶׁמְּדַבְּרִים בְּשֶׁקֶט. הַ ________ שֶׁלּוֹ לֹא טוֹבָה.
3. אֶתְמוֹל רָכַבְנוּ עַל סוּסִים, וְהַיּוֹם כָּל הַגּוּף כּוֹאֵב לִי מֵהַ ________ .
4. הִיא הוֹלֶכֶת לְאַט, כִּי הַ ________ קָשָׁה לָהּ.

ג. הַשְׁלֵם אֶת הַטַבְלָה בְּבִנְיַן פָּעַל:

שֹׁרֶשׁ	זְמַן	גוּף	צוּרָה	שֵׁם הַפֹּעַל
רכב	הווה	הם		
אהב	הווה	הם		
			אֶרְקֹד	
עמד	עתיד	אני		
שמר	צווי	אתה		
חבש	צווי	אתה		
			אֶסֹף	
זרק	עבר	אתם		
עסק	עבר	אתם		

ד. סַמֵּן בְּעִגּוּל אֶת הַמִּלָּה הַנְּכוֹנָה:

1. לֹא הָיוּ לָנוּ שִׁעוּרִים הַיּוֹם, (אֲבָל/אֶלָּא) הָיָה לִי יוֹם קָשֶׁה.
2. זֹאת לֹא הַחֲבֵרָה שֶׁל אַנְדִי, (אֲבָל/אֶלָּא) שֶׁל דָּוִד מִפִילוֹסוֹפְיָה.
3. הַחֻלְצָה הַזֹּאת אֵינֶנָּה חֲדָשָׁה, (אֲבָל/אֶלָּא) מֵהַשָּׁנָה שֶׁעָבְרָה.
4. הוּא אָמַר לִי אֶת שְׁמוֹ, (אֲבָל/אֶלָּא) שָׁכַחְתִּי.

ה. שִׂים דָּגֵשׁ בְּכָל מָקוֹם בּוֹ הוּא דָרוּשׁ:

1. מִמָתַי אַתָה יוֹשֵׁב פה?
2. בַשָׁבוּעַ הַשְׁלִישִׁי שֶׁל הַלִמוּדִים נִלְמַד שִׁיר חָדָשׁ.
3. חָזַרְנוּ מִמֶרְכַז הַסְפוֹרט מְאֻחָר בָּעֶרֶב.

שֵׁם: ___________

א. סַמֵּן בְּ-x אֶת הַהַצְהָרוֹת הַנְּכוֹנוֹת:

___ 1. שַׁלֶּכֶת הִיא נְשִׁירַת הֶעָלִים מֵהָעֵצִים.

___ 2. הֶעָלִים יְרֻקִּים בַּשַּׁלֶּכֶת.

___ 3. צִבְעֵי הַדֶּשֶׁא הֵם צָהֹב, כָּתֹם, וְסָגֹל.

___ 4. עַרְדָּלַיִם נוֹעֲלִים עַל הָרַגְלַיִם.

___ 5. גַּרְבַּיִם גּוֹרְבִים עַל הָרֹאשׁ.

ב. בְּחַר בַּשָּׁרָשִׁים הַמַּתְאִימִים מֵהַשּׁוּלַיִם, וְהַשְׁלֵם:

1. אִם הִיא תֵּלֵךְ מָחָר לַיָּם, הִיא ___________ כּוֹבַע קַשׁ. (לבש)
2. הַשּׁוֹבָב שֶׁלָּנוּ יִסַּע לְטֶקְסָס וְ___________ שָׁם עַל סוּסִים. (נעל)
3. כְּשֶׁהִיא ___________ אֶת הַחֲדָשׁוֹת, הִיא תִּשְׂמַח מְאֹד. (רכב)
4. מָחָר, הַשֶּׁמֶשׁ ___________ לִפְנֵי שֵׁשׁ בַּבֹּקֶר. (חבש)
5. אַתָּה חוֹשֵׁב שֶׁגַּם בַּשָּׁנָה הַבָּאָה הוּא ___________ בּוּלִים? (זרח)
6. יֵשׁ לָהּ רֶגֶל כָּל-כָּךְ קְטַנָּה, שֶׁהִיא ___________ נַעֲלֵי יְלָדִים. (שמע)
7. הוּא ___________ מִכְנָסַיִם קְצָרִים לַשִּׁעוּר, כִּי הוּא הִתְעַצֵּל לִלְבֹּשׁ מִכְנָסַיִם אֲרֻכִּים יוֹתֵר! . . . (אסף)

ג. הַשְׁלֵם בְּעֶזְרַת שֵׁם הַפְּעוּלָה:

1. הַשֶּׁמֶשׁ שׁוֹקַעַת בַּמַּעֲרָב. צִבְעֵי הַ___________ הֵם אָדֹם וְצָהֹב.
2. הֶעָלִים נוֹשְׁרִים בַּסְּתָו; וְאַחֲרֵי הַ___________ הָעֵצִים אֲפוֹרִים.
3. הִיא נָפְלָה מֵהָאוֹפַנַּיִם; אֲבָל הַ___________ לֹא הָיְתָה רְצִינִית.

ד. הֲפֹךְ מִשְּׁלִילָה לְחִיּוּב:

1. אַל תִּזְרֹק אֶת הָעִתּוֹן מֵאֶתְמוֹל! ______________________
2. אַל תַּחֲבֹשׁ כּוֹבַע צֶמֶר! ______________________
3. אַל תִּלְבְּשׁוּ מְעִיל גֶּשֶׁם! ______________________
4. אַל תִּשְׁמְעִי אֶת הַתַּקְלִיט הֶחָדָשׁ! ______________________

ה. הַשְׁלֵם בַּצּוּרָה הַמַּתְאִימָה שֶׁל בַּעַל אוֹ חֲסַר:

1. הַצִּיּוּרִים שֶׁלָּהּ נִפְלָאִים. הִיא צַיֶּרֶת ________ כִּשְׁרוֹן רַב.
2. אֲנָשִׁים צְעִירִים הֵם ________ נִסָּיוֹן בַּחַיִּים.
3. לָמָּה אַתָּה מְמַהֵר כָּל-כָּךְ? לֹא טוֹב לִהְיוֹת ________ סַבְלָנוּת.
4. הָעֻגּוֹת טְעִימוֹת, אֲבָל הֵן ________ לַחוּת.

ו. סַמֵּן בְּעִגּוּל אֶת הַמִּלָּה הַנְּכוֹנָה:

1. לֹא הַחֹרֶף בָּא בְּעִקְּבוֹת הַקַּיִץ, (אֲבָל/אֶלָּא) הַסְּתָו.
2. אֵין שָׁרָב הַיּוֹם, (אבל/אלא) חַם מְאֹד בַּחוּץ.
3. לֹא יָשַׁנְתִּי הַלַּיְלָה, (אבל/אלא) אֵינֶנִּי עָיֵף.
4. הֵם לֹא נִרְדְּמוּ, (אבל/אלא) פָּשׁוּט נָחוּ תַּחַת הָעֵץ.

ז. שִׂים דָּגֵשׁ בְּכָל מָקוֹם בּוֹ הוּא דָרוּשׁ:

1. הַסתָו בָא תָמִיד בְעִקבוֹת הַקַיִץ.
2. הוּא מְמַלֵא אֶת כָל הַדִירָה בְמַזְכָרוֹת מִיִשְׂרָאֵל.
3. לָמָה אַתְ מְמַהֶרֶת לַשִׁעוּר? הַשָׁעָה רַק 8:30!

א. עֲנֵה עַל הַשְּׁאֵלוֹת:

1. מָה כְּדַאי לִלְבֹּשׁ לַמִּשְׂרָד בְּיוֹם קַיִץ חַם?

____

2. מָה כְּדַאי לִלְבֹּשׁ לְטִיּוּל בְּיוֹם קַיִץ?

____

3. מַהוּ עִסּוּק הַקַּיִץ הָאָהוּב עָלֶיךָ בְּיוֹתֵר?

____

4. מַהוּ עִסּוּק הַחֹרֶף הָאָהוּב עָלֶיךָ בְּיוֹתֵר?

____

5. מַהוּ מֶזֶג הָאֲוִיר הָאָפְיָנִי לְיוֹם חֹרֶף בְּעִירְךָ?

____

6. מָה טוֹב לִלְבֹּשׁ בְּיוֹם שֶׁלֶג?

____

ב. כְּתֹב בְּעֶזְרַת הַמָּקוֹר:

1. הָעוֹלָם מָלֵא צְבָעִים, *כְּשֶׁהַשַּׁלֶּכֶת בָּאָה*.

____

2. הַשָּׂדוֹת לוֹגְמִים מַיִם, *כְּשֶׁהַגְּשָׁמִים יוֹרְדִים*.

____

3. *כְּשֶׁהָרְעָמִים רוֹעֲמִים*, יְלָדִים קְטַנִּים נִפְחָדִים.

____

שֵׁם: ____________

ג. הַשְׁלֵם אֶת הַטַּבְלָה בְּפָעַל:

שרש	זמן	גוף	צורה	שם הפעל
פקח	הווה	יחידה		
			שְׁמַע	
סער	עתיד	הוא		
פרע	צווי	אתם		
ישן	הווה	יחידה		
שמח	הווה	יחיד		
מצא	עבר	אני		
קרא	עבר	אתם		

ד. הֲפֹךְ מִשְּׁלִילָה לְחִיּוּב:

1. אַל תִּקְרָא בְּקוֹל! ____________
2. אַל תִּישַׁן! ____________
3. אַל תִּלְבְּשִׁי כְּפָפוֹת! ____________
4. אַל תַּעַמְדִי בַּחוּץ! ____________

ה. הַשְׁלֵם בַּצּוּרָה הַנְּכוֹנָה שֶׁל בִּעֵל אוֹ חִסֵּר:

1. הוּא עָיֵף מְאֹד, וְנִרְאֶה ____________ שֵׁנָה.
2. הָעֵץ ____________ הֶעָלִים הַקְּטַנִּים הוּא עֵץ פְּרִי.
3. כְּשֶׁפְּרָחִים נוֹבְלִים, הֵם ____________ חַיִּים.
4. אֲנִי גָּרָה בְּדִירָה, אֲבָל אֵינֶנִּי ____________ הַדִּירָה.

ו. הַשְׁלֵם אֶת הַנִּקּוּד הֶחָסֵר:

1. הרוּחוֹת נוֹשְׁבוֹת מהיָם.
2. השֵׁם שֶׁל האָדָם הרִאשׁוֹן הָיָה "אָדָם".
3. רָכַבְנוּ עַל האוֹפַנַּיִם שֶׁלְּךָ משְׁכּוּן הסְטוּדֶנְטִים לַסִּפְרִיָּה.

א. סַמֵּן בְּעִגּוּל אֶת הַמִּלָּה הַיּוֹצֵאת דֹּפֶן, וְהַסְבֵּר מַדּוּעַ:

דֻּגְמָה: חֹם, תַּנּוּר, כּוֹכָב, שֶׁמֶשׁ יֶתֶר הַדְּבָרִים מְחַמְּמִים

1. מָטָר, נִצָּן, שֶׁלֶג, בָּרָד ____________
2. רָטֹב, לַח, קַר, נָמֵס ____________
3. אֶרֶץ, קַרְקַע, אֲדָמָה, רָקִיעַ ____________
4. עֵץ, דֶּשֶׁא, שֶׁמֶשׁ, עֵשֶׂב ____________

ב. סַמֵּן בְּעִגּוּל אֶת הַמִּלָּה הַנְּכוֹנָה:

1. עוֹנַת הַשָּׁרָב אֵינֶנָּה בַּחֹרֶף, (אֲבָל/אֶלָּא) בַּקַּיִץ.
2. לֹא חַמְסִין הַיּוֹם, (אבל/אלא) אֲנִי קְצָת עֲצֵלָה.
3. הַיּוֹם לֹא נוֹשֶׁבֶת רוּחַ, (אבל/אלא) קַר מְאֹד בַּחוּץ.
4. זֶה לֹא שֶׁלֶג, (אבל/אלא) בָּרָד.

ג. כְּתֹב בְּעֶזְרַת הַמָּקוֹר, לְפִי הַדֻּגְמָה:

הוּא חִיֵּךְ, *כְּשֶׁהוּא רָאָה* אֶת הַשֶּׁלֶג.

הוּא חִיֵּךְ, בִּרְאוֹתוֹ אֶת הַשֶּׁלֶג. (בְּ + רְאוֹת + וֹ)

1. הַשֶּׁמֶשׁ כְּבָר זָרְחָה, *כְּשֶׁהִיא קָמָה* מֵהַשֵּׁנָה.

____

2. הוֹרַי תָּמִיד שְׂמֵחִים, *כְּשֶׁאֲנִי בָּא* הַבַּיְתָה.

____

3. אַל תִּשְׁכְּחִי לוֹמַר שָׁלוֹם *כְּשֶׁאַתְּ יוֹצֵאת*

____

שֵׁם: ____________

ד. הַשְׁלֵם אֶת הַטַּבְלָה בְּפֹעַל:

שם הפעל	צורה	גוף	זמן	שרש
		יחיד	הווה	שמע
		אנחנו	עתיד	פקח
		אתה	צווי	ראה
		אתם	עבר	עשה
		יחידה	הווה	ישן
		אני	עתיד	אמר
		אתה	צווי	קרא
		את	עבר	מצא

ה. הַשְׁלֵם אֶת הַמִּשְׁפָּטִים הַבָּאִים בְּ- בִּגְלַל, מִפְּנֵי שֶׁ-, לַמְרוֹת, אוֹ לַמְרוֹת שֶׁ-:

1. לֹא רָאִינוּ אֶת הַמְּכוֹנִית, ____________ הָעֲרָפֶל.
2. הִיא חָבְשָׁה כּוֹבַע צֶמֶר, ____________ לֹא הָיָה קַר.
3. הוּא נָהַג בִּמְהִירוּת רַבָּה, ____________ הָעֲרָפֶל.
4. הַכְּבִישִׁים הָיוּ יְבֵשִׁים, ____________ הַשֶּׁלֶג, שֶׁיָּרַד אֶתְמוֹל.
5. הוּא נָהַג בִּמְהִירוּת רַבָּה, ____________ הוּא מִהֵר הַבַּיְתָה.

ו. הַשְׁלֵם בְּעֶזְרַת שֵׁם הַפְּעוּלָה:

1. הִיא שׂוֹחָה כָּל יוֹם, וְאַחֲרֵי הַ ____________, הִיא רָצָה 3 קִילוֹמֶטֶר.
2. הוּא עוֹסֵק בְּ ____________: הוּא בּוֹנֶה בָּתֵּי דִּירוֹת וּמִשְׂרָדִים.
3. הָעֻגָּה טוֹבָה לַ ____________ שְׁעָתַיִם אַחֲרֵי הָאֲפִיָּה.
4. אֶפְשָׁר לִלְמֹד הַרְבֵּה מִ ____________ בִּסְפָרִים וְעִתּוֹנִים.

ז. שַׁבֵּץ בַּטַבְלָה אֶת הַפְּרִיטִים מֵהָרְשִׁימוֹת לְמַטָּה:

	קַיִץ	סְתָו	חֹרֶף	אָבִיב
מֶזֶג אֲוִיר				
בְּגָדִים וַאֲבִיזָרִים				
עִסּוּקִים				
חַגִּים וּמוֹעֲדִים				

מִטְרִיָּה	גְּשָׁמִים	סְקִי שֶׁלֶג	חֲנֻכָּה
מְעִיל קַל	חַמְסִין	טֶנִיס שֻׁלְחָן	פֶּסַח
בֶּגֶד יָם	שֶׁלֶג	טִיּוּל בָּרֶגֶל	יוֹם כִּפּוּר
סְוֶדֶר	עֲרָפֶל	שַׁיִט	תִּשְׁעָה בְּאָב

ח. הַשְׁלֵם אֶת הַנִּקּוּד הֶחָסֵר (בְּדָגֵשׁ אוֹ בְּתַשְׁלוּם דָּגֵשׁ):

מִיָד אַחֲרֵי הַשֶׁלֶג, טוֹב לָצֵאת מֵהַבַיִת וּלְהִסְתַכֵּל מִסָבִיב: הַבָתִים, הָרְחוֹבוֹת, וְהָעֵצִים בָעִיר לְבָנִים וּנְקִיִים, וְהַכָל נִרְאֶה חָדָשׁ וְרַעֲנָן.

א. הַשְׁלֵם אֶת הַמִּשְׁפָּטִים הַבָּאִים:

1. בִּירוּשָׁלַיִם, הַקַּיִץ ________________ וְחַם.
2. כְּשֶׁחַם מְאֹד, טוֹב לְהֵחָבֵא מֵהַשֶּׁמֶשׁ בַּ ________________.
3. בְּיָמִים חַמִּים, כֻּלָּם מְמַהֲרִים לְ ________________ הַיָּם.
4. אִשָּׁה יוֹלֶדֶת; גֶּבֶר ________________.
5. הַסְּתָו מוֹפִיעַ בְּ________________ הַקַּיִץ.
6. צִבְעֵי הֶעָלִים יָפִים בַּ________________.
7. לְעָנָן גָּדוֹל קוֹרְאִים גַּם ________________.
8. אֵינֶנּוּ "פּוֹתְחִים" עֵינַיִם, אֶלָּא ________________ אוֹתָן.
9. בַּגֶּשֶׁם, טוֹב לִנְעֹל מַגָּפַיִם אוֹ ________________.
10. לַיָּמִים הַחַמִּים וְהַיְּבֵשִׁים קוֹרְאִים שָׁרָב אוֹ ________________.

ב. הֲפֹךְ מֵחִיּוּב לִשְׁלִילָה:

1. אַל תִּבְנֶה אִישׁ מִשֶּׁלֶג! ________________
2. אַל תִּקְרָא בְּקוֹל! ________________
3. אַל תֹּאכַל עֻגָּה! ________________
4. אַל תַּעֲנִי לִי! ________________
5. אַל תִּזְרְקוּ אֶת הָעִתּוֹן! ________________

ג. הַשְׁלֵם בַּצּוּרָה הַמַּתְאִימָה שֶׁל בַּעַל אוֹ חֲסַר.

1. הַחֹרֶף הוּא ________________ מֶזֶג סוֹעֵר.
2. הַבַּחוּרָה ________________ הָעֵינַיִם הַכְּחֻלּוֹת הִיא אֲחוֹתִי.
3. הֵן לֹא מִתְלַבְּשׁוֹת יָפֶה, כִּי הֵן ________________ טַעַם.
4. הוּא חָלָשׁ וַ________________ אֹפִי.

שֵׁם: ____________

ד. הַשְׁלֵם אֶת הַטַּבְלָה בְּפֹעַל:

שרש	זמן	גוף	צורה	שם הפעל
נפל	עבר	אתם		
פרע	הווה	יחידה		
בנה	עתיד	הם		
			בְּנִיתֶם	
שמח	צווי	אתה		
ישן	הווה	אתה		
אכל	עבר	אתם		
			אָהַב	
אמר	עתיד	אני		

ה. הַשְׁלֵם בַּצּוּרָה הַמַּתְאִימָה שֶׁל עָשׂוּי או עָלוּל:

1. רוּחוֹת קַלּוֹת ____________ לַעֲזֹר לַצִּפֳּרִים בְּמַסָּעָן.
2. הַגְּשָׁמִים ____________ לִגְרֹם לְשִׁטָּפוֹן.
3. בְּחַג הַמּוֹלָד, ____________ לָרֶדֶת שֶׁלֶג.
4. סוּפַת רְעָמִים ____________ לְהַגִּיעַ לַאֲזוֹרֵנוּ הַלַּיְלָה.
5. הַכְּפוֹר ____________ לִגְרֹם נֶזֶק לַפְּרָחִים.

ד. הַשְׁלֵם בְּ- בִּגְלַל, מִפְּנֵי שֶׁ-, לַמְרוֹת, אוֹ לַמְרוֹת שֶׁ-:

1. הַדִּירָה הָיְתָה קְרִירָה מְאֹד, __________ בַּחוּץ הָיָה שָׁרָב.

2. הֶעָלִים קָפְאוּ עַל הָעֵצִים, __________ הַכְּפוֹר מֵאֶתְמוֹל.

3. הַכֹּל פָּרַח בָּאָבִיב, __________ כִּמְעַט לֹא יָרְדוּ גְשָׁמִים בַּחֹרֶף.

4. יֵשׁ בּוֹץ בָּרְחוֹבוֹת, __________ הַשֶּׁלֶג שֶׁנָּמֵס.

5. לֹא יָשַׁנְתִּי כָּל הַלַּיְלָה, __________ קוֹל הַבָּרָד.

ז. הַשְׁלֵם אֶת הַנִּקּוּד הֶחָסֵר:

קוֹלוֹת הרְעָמִים נִשְׁמְעוּ כָּל הלַיְלָה. אַבָּא הִגִּיעַ מהעֲבוֹדָה מְאֻחָר בעֶרֶב וְסִפֵּר שֶׁהתְנוּעָה בכְבִישׁ החָדָשׁ הָיְתָה אִטִּית מְאֹד. ברַדְיוֹ שָׁמַעְנוּ שֶׁבְּכָל העָרִים מסָבִיב הָיוּ תְּאוּנוֹת וּשְׂרֵפוֹת, אֲבָל לְשִׂמְחָתֵנוּ הרַבָּה, אַף אָדָם לֹא נֶהֱרַג.

שעור ו (חֲזָרָה)

א. מְחַק אֶת הַמַּשְׁלִים הַבִּלְתִּי מַתְאִים:

1. אֲנִי אוֹהֵב לִשְׂחוֹת
   - א. בָּאֲגַם
   - ב. בַּנָּהָר
   - ג. בַּבְּרֵכָה
   - ד. בַּכְּפוֹר

2. כְּשֶׁקַּר בַּסְּתָו, אֲנַחְנוּ לוֹבְשִׁים
   - א. סְוֶדֶר
   - ב. מִכְנָסַיִם קְצָרִים
   - ג. חֻלְצָה עִם שַׁרְווּלִים אֲרֻכִּים
   - ד. מְעִיל קַל

3. בַּסְּתָו,
   - א. נָעִים לְטַיֵּל בַּחוּץ
   - ב. יוֹרֵד גֶּשֶׁם
   - ג. צָרִיךְ לָשֶׁבֶת בַּצֵּל
   - ד. הַשַּׁלֶּכֶת יָפָה

4. עִסּוּק הַחֹרֶף הֶחָבִיב עַל אֲנָשִׁים רַבִּים הוּא
   - א. מִלְחָמָה בְּכַדּוּרֵי שֶׁלֶג
   - ב. רְכִיבָה עַל אוֹפַנַּיִם
   - ג. הַחֲלָקָה עַל הַקֶּרַח
   - ד. סְקִי שֶׁלֶג

5. כְּשֶׁיֵּשׁ עֲרָפֶל כָּבֵד,
   - א. קָשֶׁה לִרְאוֹת מִמֶּרְחָק גָּדוֹל
   - ב. צָרִיךְ לִנְהֹג בִּזְהִירוּת
   - ג. טוֹב לַחְבֹּשׁ כּוֹבַע קַשׁ
   - ד. הָאֲוִיר לַח

6. בָּאָבִיב,
   - א. הַשָּׁמַיִם מְחַיְּכִים
   - ב. הָרָקִיעַ יָרֹק
   - ג. פַּרְפָּרִים מִסְתַּחְרְרִים בָּאֲוִיר
   - ד. הַשֶּׁמֶשׁ מְלַטֶּפֶת בְּקַרְנֶיהָ

ב. סַמֵּן בְּעִגּוּל אֶת הַמִּלָּה הַיּוֹצֵאת דֹּפֶן וְהַסְבֵּר מַדּוּעַ:

1. עֵת, חֹרֶף, עוֹנָה, תְּקוּפָה ______________________________
2. עֵץ, לִנְטֹעַ, אֲדָמָה, עָלֶה ______________________________
3. כְּפוֹר, סוּפָה, רוּחַ, סְעָרָה ______________________________
4. עַרְדָלַיִם, מַגָּפַיִם, מִטְרִיָּה, מְעִיל ______________________________
5. בַּצֹּרֶת, שִׁטָּפוֹן, אַפְתָּעָה, הֶרֶס ______________________________

ג. הַשְׁלֵם בַּצּוּרָה הַמַּתְאִימָה שֶׁל עָשׂוּי אוֹ עָלוּל:

1. הַשַּׁלֶּכֶת ______________ לִהְיוֹת יָפָה מְאֹד הַשָּׁנָה.

2. אִם הוּא יֵדַע, הוּא ______________ לִכְעֹס עָלֵינוּ.

3. אִם הֵם לֹא יִלְמְדוּ, הֵם ______________ לְקַבֵּל F בַּבְּחִינָה.

4. הוּא ______________ לְפַנּוֹת אֶת מְקוֹמוֹ לְמִישֶׁהוּ יוֹתֵר טוֹב.

ד. כְּתֹב מֵחָדָשׁ בְּעֶזְרַת הַמָּקוֹר:

1. *כְּשֶׁהוּא שָׁב* הַבַּיְתָה, הַיְלָדִים כְּבָר יְשֵׁנוּ.

____

2. אַל תִּשְׁכְּחוּ לִלְבֹּשׁ צָעִיף, *כְּשֶׁאַתֶּם יוֹצְאִים* הַחוּצָה.

____

3. הַצִּפֳּרִים הִתְחִילוּ לָעוּף דָּרוֹמָה, *כְּשֶׁהֵן רָאוּ* עֲנָנִים שְׁחוֹרִים.

____

4. הַמְּכוֹנִית הֶחֱלִיקָה עַל הַקֶּרַח, *כְּשֶׁהִיא פָּנְתָה* יָמִינָה.

____

ה. הַשְׁלֵם אֶת הַנִּקּוּד הֶחָסֵר:

כְּשֶׁהחֹרֶף שׁוֹלֵט בעוֹלָם, הכֹּל לָבָן בעָרִים וּבַשָּׂדוֹת. הצִּפֳּרִים אֵינָן שָׁרוֹת בֵּין העֵצִים, וְהָאֲנָשִׁים אֵינָם מְטַיְּלִים ברְחוֹבוֹת, אֶלָּא בּוֹרְחִים מהקֹּר אֶל החֹם בַּבַּיִת. רַק אַנְשֵׁי הַשֶּׁלֶג העוֹמְדִים בַּחוּץ אֵינָם פּוֹחֲדִים מהשֶּׁלֶג, מהקֹּר ומהרוּחוֹת.

א. עֲנֵה עַל הַשְּׁאֵלוֹת:

1. אַתָּה קוֹרֵא עִתּוֹן יוֹמִי? אֵיזֶה?

____

2. עַל אֵיזֶה כְּתַב עֵת אַתָּה חָתוּם? לְכַמָּה זְמַן?

____

3. אֵיפֹה נִדְפָּס כְּתַב הָעֵת שֶׁאַתָּה קוֹרֵא בְּדֶרֶךְ כְּלָל?

____

4. אֵיפֹה אֶפְשָׁר לְהַשִּׂיג עִתּוֹנִים בְּעִירְךָ?

____

5. בְּכַמָּה מַהֲדוּרוֹת מִתְפַּרְסֵם הָעִתּוֹן הַיּוֹמִי שֶׁאַתָּה קוֹרֵא בְּדֶרֶךְ כְּלָל?

____

6. מַהֵם הַנּוֹשְׂאִים שֶׁמְּעַנְיְנִים אוֹתְךָ בִּמְיֻחָד בָּעִתּוֹן?

____

7. מַהֵם הַנּוֹשְׂאִים שֶׁאֵינָם מְעַנְיְנִים אוֹתְךָ בָּעִתּוֹן?

____

ב. הַשְׁלֵם בַּ- אֲבָל אוֹ אֶלָּא:

1. לֹא שָׂחִינוּ בָּאֲגַם, ________ בַּנָּהָר.
2. אֵין עֲרָפֶל הַיּוֹם, ________ קָשֶׁה לִרְאוֹת מִמֶּרְחָק.
3. אֵלֶּה לֹא צִפֳּרִים, ________ פַּרְפָּרִים גְּדוֹלִים, שֶׁעָפִים בֵּין הָעֵצִים.
4. עוֹד קָרִיר בַּחוּץ, ________ אֶפְשָׁר כְּבָר לִשְׂחוֹת בָּאֲגַם.

ג. הַשְׁלֵם בְּ- בִּגְלַל, מִפְּנֵי שֶׁ-, לַמְרוֹת אוֹ לַמְרוֹת שֶׁ-:

1. אֲנִי אוֹהֶבֶת אֶת הַחֻלְצָה הַזֹּאת, ____________ הַצְּבָעִים הָאֲבִיבִיִּים שֶׁבָּהּ.
2. הוּא נָעַל עַרְדָּלַיִם, ________ לֹא יָרַד גֶּשֶׁם.
3. הַזָּקֵן יָשַׁב לָנוּחַ, ________ הוּא עָיֵף מֵהַדֶּרֶךְ.
4. הִגַּעְנוּ הַבַּיְתָה בְּשָׁלוֹם, ________ הַסּוּפָה, שֶׁסָּעֲרָה בַּחוּץ.

שֵׁם: ____________

ד. הַשְׁלֵם אֶת הַטַּבְלָה בְּפָעַל:

שם הפעל	צורה	גוף	זמן	שרש
		היא	עתיד	קפץ
		אתם	צווי	חשב
		אתם	עבר	הפך
		רבים	הווה	עוף
		את	צווי	ראה
		אנחנו	עבר	רצה
		אתה	צווי	אמר
		אני	עתיד	מצא
		אני	הווה	ישן
		הם	עבר	שיר

ה. כְּתֹב בִּסְמִיכוּת:

1. עַמּוּד שֶׁל שָׁבוּעוֹן ____________
2. חֲנוּיוֹת לִסְפָרִים ____________
3. דַּפִּים שֶׁל יַרְחוֹן ____________
4. מַהֲדוּרָה שֶׁל עִתּוֹן ____________
5. כּוֹבַע מִקַּשׁ ____________
6. מִלְחָמָה בֵּין אָחִים ____________

ו. הַשְׁלֵם אֶת הַנִּקּוּד הֶחָסֵר:

העִתּוֹנִים, שנִמְכָּרִים באָרֶץ בִּשְׁעוֹת הבֹּקֶר, נִדְפָּסִים בִּשְׁעוֹת הלַיְלָה. החֲדָשׁוֹת האַחֲרוֹנוֹת שמוֹפִיעוֹת בָּהֶם הֵן מהיוֹם הקוֹדֵם. עַל הִתְרַחֲשׁוּיוֹת מְאֻחָרוֹת יוֹתֵר, אֶפְשָׁר לִלְמֹד מהרַדְיוֹ וּמעִתּוֹנֵי הָעֶרֶב.

א. אַתָּה עוֹרֵךְ הָעִתּוֹן. סַוֵּג אֶת הַפְּרִיטִים הַבָּאִים לַמְּדוֹרִים הַמַּתְאִימִים:

1. הַחֲצָאִיּוֹת יִהְיוּ קְצָרוֹת בַּחֲמִשָּׁה סֶנְטִימֶטְרִים הָאָבִיב. הַצְּבָעִים הָרוֹוְחִים יִהְיוּ סָגֹל, אָפוֹר וְלָבָן. __________

2. אֲחוּז הָאִינְפְלַצְיָה יָרַד בַּחֹדֶשׁ הָאַחֲרוֹן, אֲבָל חוֹשְׁשִׁים שֶׁזּוֹ רַק תּוֹפָעָה זְמַנִּית. __________

3. נִבְחֶרֶת יִשְׂרָאֵל בְּכַדּוּרֶגֶל תְּשַׂחֵק בַּשָּׁבוּעַ הַבָּא נֶגֶד נִבְחֶרֶת אִיטַלְיָה בְּמִסְגֶּרֶת מִשְׂחֲקֵי אֲלִיפוּת אֵרוֹפָּה. __________

4. הַכַּנָּר הַמְּפֻרְסָם, יָשָׁה חֵפֶץ, יְנַגֵּן הָעֶרֶב עִם הַתִּזְמֹרֶת הַפִילְהַרְמוֹנִית הַיִּשְׂרְאֵלִית בְּאוּלַם הַקּוֹנְצֶרְטִים הֶחָדָשׁ בִּבְאֵר שֶׁבַע. __________

5. אִשְׁתּוֹ שֶׁל רֹאשׁ הַמֶּמְשָׁלָה קָנְתָה חָמֵשׁ שְׂמָלוֹת יְקָרוֹת לִקְרַאת הַנְּסִיעָה לְאַרְהָ"ב. "הַפַּעַם," שָׁמְעוּ אוֹתָהּ אוֹמֶרֶת, "לֹא אַרְגִּישׁ לֹא נוֹחַ, כְּשֶׁאֶפְגֹּשׁ אֶת נַנְסִי רֵיגַן הָאֶלֶגַנְטִית." __________

6. שִׂיחוֹת הָאוֹטוֹנוֹמְיָה הִתְחַדְּשׁוּ בְּיִשְׂרָאֵל. נְצִיגֵי יִשְׂרָאֵל וּמִצְרַיִם מַמְשִׁיכִים לְחַפֵּשׂ פִּתְרוֹן לְבַעֲיַת הַתּוֹשָׁבִים הָעֲרָבִים בִּיהוּדָה וְשׁוֹמְרוֹן. __________

7. "עוֹרֵךְ נִכְבָּד, שָׂמַחְתִּי לִקְרֹא אֶת הַמַּאֲמָר עַל הַבְּעָיוֹת הַמְּיֻחָדוֹת שֶׁל תּוֹשְׁבֵי כְּפַר-יְרוּחָם. אֲנִי חוֹשֵׁב שֶׁטּוֹב שֶׁאֶזְרְחֵי יִשְׂרָאֵל יֵדְעוּ עַל מַצָּבֵנוּ הַקָּשֶׁה, וְיַעֲשׂוּ מַאֲמַצִּים לַעֲזֹר בְּפִתְרוֹן הַבְּעָיוֹת. בְּכָבוֹד רַב, מֹשֶׁה אֵיתָן." __________

8. סֵפֶר הַשִּׁירִים שֶׁל נִירָה אֲבִיבִי הִתְקַבֵּל בְּהִתְלַהֲבוּת רַבָּה עַל יְדֵי קְהַל הַקּוֹרְאִים. תּוֹךְ חֹדֶשׁ יָמִים נִמְכְּרָה הַמַּהֲדוּרָה הָרִאשׁוֹנָה, וְיֵשׁ תָּכְנִיּוֹת לְהַדְפִּיס מַהֲדוּרָה שְׁנִיָּה בְּקָרוֹב. __________

9. 8:00 חֲדָשׁוֹת
8:30 סֶרֶט: "אֲנָשִׁים רְגִילִים"
10:00 שִׂיחָה עִם הַצַּיָּר דָּוִד גִּלְבֹּעַ __________

שֵׁם: ____________

ב. הַשְׁלֵם אֶת הַטַּבְלָה בְּפָעַל:

שרש	זמן	גוף	צורה	שם הפעל
			חָגִים	
ישן	עבר	הוא		
			אֹהֲבִי	
ראה	עבר	אתם		
ידע	עתיד	הם		
			תַּאַרְזוּ	
חטא	עבר	אנחנו		
נעל	עתיד	אתה		
ירד	צווי	את		

ג. כְּתֹב לְלֹא סְמִיכוּת, וְצַיֵּן אִם הַנִּסְמָךְ זָכָר אוֹ נְקֵבָה (ז/נ)

1. מְדוֹרֵי עִתּוֹן ____________ __
2. שִׂיחוֹת שָׁלוֹם ____________ __
3. בָּתֵּי קָפֶה ____________ __
4. אָפְנַת אָבִיב ____________ __
5. מְקוֹמוֹת בִּדּוּר ____________ __
6. מְדִינִיּוּת חוּץ ____________ __

ד. הַשְׁלֵם בַּצּוּרָה הַמַּתְאִימָה שֶׁל עָשׂוּי אוֹ עָלוּל:

1. אִם הִיא תִּשְׁמַע אֶת הַחֲדָשׁוֹת, הִיא ________ לִדְאֹג.
2. אוֹמְרִים, שֶׁבְּקָרוֹב ________ לִהְיוֹת שָׁלוֹם בֵּין יִשְׂרָאֵל לָעֲרָבִים.
3. אִם הֵם לֹא יַקְשִׁיבוּ לְרַדְיוֹ, הֵם ________ לַחְשֹׁב שֶׁהַכֹּל בְּסֵדֶר.
4. הַמַּאֲמָרִים הָאֵלֶּה ________ לִגְרֹם לִסְעָרָה גְּדוֹלָה בַּצִּבּוּר.
5. הַחֹרֶף, הֵן ________ לָצֵאת לְשַׁיִט בָּאִיִּים הַקָּרִיבִּיִּים.
6. הִיא ________ לְהַפְתִּיעַ אֶתְכֶם לְטוֹבָה!

ה. הֲפֹךְ לְצִוּוּי בִּשְׁלִילָה:

1. קְנֵה אֶת הַיַּרְחוֹן! ____________
2. שִׂימִי לֵב לַכּוֹתָרוֹת! ____________
3. אִכְלוּ לִפְנֵי הַשְּׂחִיָּה! ____________
4. לְכִי לַקּוֹלְנוֹעַ בַּבֹּקֶר! ____________

ו. סַמֵּן בְּעִגּוּל אֶת הַמִּלָּה הַיּוֹצֵאת דֹּפֶן, וְהַסְבֵּר מַדּוּעַ:

1. מַאֲמָר, כּוֹתֶרֶת, טוּר, כַּתָּבָה ____________
2. יַרְחוֹן, שְׁנָתוֹן, מוּסָף, עִתּוֹן ____________
3. תַּרְבּוּת, מוּסִיקָה, סִפְרוּת, רְכִילוּת ____________
4. לְבוּשׁ, אָפְנָה, בְּגָדִים, מַדָּע ____________
5. קוֹלְנוֹעַ, כִּתָּה, מִסְעָדָה, בֵּית-קָפֶה ____________
6. טֶלֶוִיזְיָה, רַדְיוֹ, מְקָרֵר, עִתּוֹן ____________
7. כּוֹלֵל, מַצְחִיק, שָׂמֵחַ, מְבַדֵּחַ ____________

ז. הַשְׁלֵם אֶת הַנִּקּוּד הֶחָסֵר:

בעַמוּד הרִאשון בעִתּון שֶׁקָּרָאנוּ יֵשׁ חֲמִשָּׁה מַאֲמָרִים: אֶחָד מֵהֶם עוסֵק בכַּלְכָּלָה הִישְׂרָאֵלִית ובבְעָיוֹת העָרִים, אֶחָד בעֲלִיָּה מאַרְצוֹת המַעֲרָב, והאֲחֵרִים בעִנְיְנֵי מֶמְשָׁלָה ובִטָּחוֹן.

א. סַמֵּן בְּ-x אֶת הַהַצְהָרוֹת הַנְּכוֹנוֹת:

1. ___ כַּתֶּבֶת הִיא עִתּוֹנָאִית.
2. ___ טוּר הוּא מַאֲמָר שֶׁנִּכְתָּב בְּעַמּוּדָה אַחַת בִּלְבַד.
3. ___ בְּיַרְחוֹנִים, אֵין צֹרֶךְ בְּמַעֲרֶכֶת.
4. ___ פִּסְקָה הִיא חֵלֶק מִמַּאֲמָר אוֹ מֵחִבּוּר.
5. ___ כּוֹתֶרֶת הִיא מַאֲמָר שֶׁנִּכְתָּב עַל יְדֵי בַּעַל טוּר.
6. ___ הַחֲדָשׁוֹת הָאַחֲרוֹנוֹת וְהַחֲשׁוּבוֹת בְּיוֹתֵר מוֹפִיעוֹת בְּמוּסָף.
7. ___ סְקִירָה הִיא מַאֲמָר שֶׁאֵינֶנּוּ עוֹסֵק בַּחֲדָשׁוֹת שֶׁל הָרֶגַע.
8. ___ הָעוֹרֵךְ הָרָאשִׁי כּוֹתֵב אֶת הַמִּכְתָּבִים לַמַּעֲרֶכֶת.

ב. הַשְׁלֵם בַּצּוּרָה הַמַּתְאִימָה שֶׁל בַּעַל אוֹ חֲסַר:

1. אוֹמְרִים שֶׁהַמֶּכְּסִיקָנִים הֵם ________ מֶזֶג סוֹעֵר.
2. הִיא לוֹגֶמֶת בִּמְהִירוּת, כִּי הִיא ________ סַבְלָנוּת.
3. הוּא אֶלֶגַנְטִי מְאֹד וּ ________ הוֹפָעָה מַרְשִׁימָה.
4. הַכּוֹתָרוֹת בָּעַמּוּד הָרִאשׁוֹן הֵן בְּדֶרֶךְ-כְּלָל ________ חֲשִׁיבוּת רַבָּה.

ג. כְּתֹב מֵחָדָשׁ, בְּעֶזְרַת הַמָּקוֹר:

1. הַצִּפֳּרִים מְחַפְּשׂוֹת חֹם, *כְּשֶׁהֵן עָפוֹת* דָּרוֹמָה בַּסְּתָו.

____

2. *כְּשֶׁהוּא הִגִּיעַ* לָאָרֶץ, הוּא נָשַׁק אֶת הַקַּרְקַע.

____

3. "וְאָהַבְתָּ . . . *כְּשֶׁאַתָּה יוֹשֵׁב* בְּבֵיתֶךָ, וּ*כְשֶׁאַתָּה הוֹלֵךְ* בַּדֶּרֶךְ . . ."

____

שֵׁם: ____________

ד. עֲנֵה עַל הַשְּׁאֵלוֹת:

1. אֵיךְ אֲנַחְנוּ לוֹמְדִים עַל מַה שֶּׁמִּתְרַחֵשׁ בָּעוֹלָם?

____

2. מַהוּ נוֹשֵׂא הַחֲדָשׁוֹת הָעִקָּרִי הַיּוֹם?

____

3. מַהֵן חַדְשׁוֹת הַסְּפּוֹרְט הָעִקָּרִיּוֹת הַיּוֹם?

____

4. מַה כָּתוּב בַּמְּדוֹר הַמַּזָּלוֹת לְגַבֵּי מַזָּלְךָ הַיּוֹם?

____

ה. הַשְׁלֵם בְּעֶזְרַת שֵׁם הַפְּעֻלָּה:

1. קָשֶׁה לָנוּ לָקוּם מֻקְדָּם: הַ________ בַּבֹּקֶר קָשָׁה לָנוּ.
2. הוּא יָשַׁב כָּל הַיּוֹם, וְהוּא אוֹמֵר שֶׁהוּא עָיֵף מֵהַ________ ?
3. הַ________ שֶׁל מַשְׁקָאוֹת אַלְכּוֹהוֹלִיִּים אֲסוּרָה לִצְעִירִים מִתַּחַת לְגִיל 18.

ו. הַשְׁלֵם אֶת הַטַּבְלָה:

צורה	שרש	זמן	גוף	שם הפעל	גזרה
יִשְׁבֹּת					
יִשְׁבֶּה					
יָשׁוּב					
יָשֹׁב					
יֵשֵׁב					
יִישַׁן					
יֵצֵא					
יֹאפֶה					
יִמְצָא					

ז.   הֲפֹךְ מִיָחִיד לְרַבִּים:

1.   הָרְכֵּב מֶמְשָׁלָה חָדָשׁ   ـــــــــــــــــــــــ

2.   קְבוּצַת תַּלְמִידִים מְסַיֶּמֶת   ـــــــــــــــــــــــ

3.   בֵּיצַת דָּג קְטַנָּה   ـــــــــــــــــــــــ

4.   אֲרוֹן בְּגָדִים גָּדוֹל   ـــــــــــــــــــــــ

5.   אֶרֶץ יָם רְחוֹקָה   ـــــــــــــــــــــــ

ח.   נַקֵּד אֶת וַו הַחִבּוּר:

1.   שָׁלוֹם וּבְרָכָה   3.   נָשִׁים וילָדִים   5.   יְרָקוֹת וּפֵרוֹת

2.   אַרְבָּעִים וּשְׁנַיִם   4.   לֶחֶם וַעֲבוֹדָה   6.   שָׁבוּעוֹת וַחֳדָשִׁים

א. הַשְׁלֵם אֶת הַטַּבְלָה בְּפָעַל:

שרש	זמן	גוף	צורה	שם הפעל
שכח	עתיד	היא		
שמח	הווה	רבים		
ארז	עתיד	הוא		
			פָּנִיתִי	
אהב	עתיד	אנחנו		
קרא	עבר	את		
ידע	עתיד	הם		
			יוֹצֵאת	
נשב	עתיד	אתה		
עוף	עבר	אתם		
נסע	עתיד	אני		

ב. הַשְׁלֵם בְּ- בִּגְלַל, לַמְרוֹת, מִפְּנֵי שֶׁ-, אוֹ לַמְרוֹת שֶׁ-:

1. לֹא יָדַעְתִּי אֶת זֶה, ________ אֲנִי קוֹרֵא עִתּוֹן כָּל בֹּקֶר.
2. הָעוֹרֵךְ הֶחֱלִיט לֹא לְהַדְפִּיס אֶת הַמַּאֲמָר, ________ הוּא לֹא הָיָה מְדֻיָּק.
3. הוּא רָאָה אֶת הַחֲדָשׁוֹת שֶׁל חֲצוֹת, ________ הוּא כִּמְעַט נִרְדַּם.
4. אֲנִי שׁוֹתָה "פֶּפְּסִי קוֹלָה", ________ הַפִּרְסוּם הָרַב שֶׁל "קוֹקָה קוֹלָה".
5. הִיא שָׂכְרָה אֶת הַדִּירָה, ________ הַמְּחִיר הַנָּמוּךְ, וְהַקִּרְבָה לָאוּנִיבֶרְסִיטָה.

ג. סַמֵּן בְּעִגּוּל אֶת הַמִּלָּה הַיּוֹצֵאת דֹּפֶן, וְהַסְבֵּר מַדּוּעַ:

1. נָצִיג, רָשׁוּת, שַׁגְרִיר, קוֹנְסוּל ________________
2. אוֹצָר, כַּלְכָּלָה, כֶּסֶף, מִפְלָגָה ________________
3. בְּחִירוֹת, קוֹל, מֶמְשָׁלָה, מַצְבִּיעַ ________________
4. אֶזְרָח, נֶשֶׁק, חַיָּל, רַמַטְכָּ"ל ________________
5. רֹאשׁ הַמֶּמְשָׁלָה, יוֹשֵׁב-רֹאשׁ הַכְּנֶסֶת, צִיר, נָשִׂיא ________________

ד. הַשְׁלֵם אֶת הַטַּבְלָה בְּנִפְעַל:

שרש	זמן	גוף	צורה	שם הפעל
סגר	הווה	יחיד		
גמר	עבר	הוא		
למד	עתיד	היא		
כנס	צווי	אתה		
בחר	הווה	יחידה		
ארז	עבר	הם		
ערך	עתיד	אתם		

ה. הֲפֹךְ לִסְמִיכוּת מְיֻדַּעַת:

1. מְכוֹנִית סְפּוֹרְט אֲדֻמָּה ____________
2. נְשִׂיא מְדִינָה חָדָשׁ ____________
3. בֵּית קָפֶה צָרְפָתִי ____________
4. מֶרְכַּז תַּרְבּוּת חָשׁוּב ____________

ו. צַיֵּן אֶת הַמִּשְׁפָּט הָעִקָּרִי, אֶת הַמִּשְׁפָּט הַטָּפֵל וְאֶת מִלַּת הַקֶּשֶׁר:

1. הוּא שָׂמַח מְאֹד, כַּאֲשֶׁר הוּא שָׁמַע אֶת הַחֲדָשׁוֹת.
2. הַיְשִׁיבָה נִפְתְּחָה, לִפְנֵי שֶׁהַשַּׁגְרִיר הִגִּיעַ.
3. הַשָּׂרִים הִמְשִׁיכוּ בַּדִּיּוּן, לַמְרוֹת שֶׁהַשָּׁעָה הָיְתָה כְּבָר מְאֻחֶרֶת.
4. הַוַּעֲדָה, שֶׁמְּטַפֶּלֶת בְּעִנְיְנֵי כְּסָפִים, לֹא תִּתְכַּנֵּס הַיּוֹם.
5. הָרַמַטְכָּ"ל הוֹדִיעַ, שֶׁהַגְּבוּלוֹת שְׁקֵטִים.

א. סַמֵּן בְּעִגּוּל אֶת הַמִּלָּה הַיּוֹצֵאת דֹּפֶן, וְהַסְבֵּר מַדּוּעַ:

1. מַשָּׂא וּמַתָּן, רְשִׁימָה, מְתַוֵּךְ, צַד ____________
2. אֵמוּן, אִשּׁוּר, הַסְכָּמָה, סָפֵק ____________
3. דִּיּוּן, תּוֹצָאָה, סוֹף, הֶסְכֵּם ____________
4. הַצְבָּעָה, בְּחִירוֹת, קוֹל, תִּיק ____________

ב. הַשְׁלֵם בַּצּוּרוֹת הַמַּתְאִימוֹת שֶׁל עָשׂוּי אוֹ עָלוּל.

1. אִם לֹא נַגִּיעַ לְהֶסְכֵּם, ________ לִפְרֹץ מִלְחָמָה.
2. כָּל הַבְּעָיוֹת ________ לְהִפָּתֵר בְּהֶקְדֵּם.
3. הַמִּפְלָגָה שֶׁלָּנוּ ________ לְנַצֵּחַ בַּבְּחִירוֹת.
4. אַנְשֵׁי אָשָׁ"ף ________ לַחֲזֹר לִגְבוּלֵנוּ הַצְּפוֹנִי.

ג. הֲפֹךְ מִפָּעִיל לְסָבִיל:

1. יוֹשֵׁב-רֹאשׁ הַכְּנֶסֶת פָּתַח אֶת יְשִׁיבַת הַכְּנֶסֶת.

____

2. שַׂר הָאוֹצָר קוֹבֵעַ אֶת הַמְּדִינִיּוּת הַכַּלְכָּלִית.

____

3. מִשְׂרַד הַבִּטָּחוֹן רוֹכֵשׁ נֶשֶׁק לַהֲגַנַּת הַמְּדִינָה.

____

4. סְגַן שַׂר הַחוּץ יַעֲרֹךְ מְסִבָּה לִכְבוֹד שַׁגְרִיר מִצְרַיִם בְּיִשְׂרָאֵל.

____

5. מֶמְשֶׁלֶת מֶכְּסִיקוֹ תִּמְכֹּר נֵפְט לְיִשְׂרָאֵל.

____

שֵׁם: ______________

ד. צַיֵּן אֶת הַמִּשְׁפָּט הָעִקָּרִי, אֶת הַמִּשְׁפָּט הַטָּפֵל וְאֶת מִלַּת הַקִּשּׁוּר:

1. הַנָּשִׂיא מִנָּה לְרֹאשׁ מֶמְשָׁלָה אֶת רֹאשׁ הַמִּפְלָגָה, שֶׁזָּכְתָה בְּרֹב קוֹלוֹת הַבּוֹחֲרִים.
2. בֶּרְמָן דָּחָה אֶת הַתָּכְנִית, לַמְרוֹת שֶׁיֵּשׁ בָּהּ יְסוֹדוֹת חִיּוּבִיִּים.
3. רֹב הָעוֹלִים, שֶׁנִּקְלְטוּ הַשָּׁנָה בְּיִשְׂרָאֵל, בָּאוּ מֵאַרְהָ"ב.
4. כְּשֶׁהַדִּיּוּנִים נִגְמְרוּ, נֶחְתַּם הַהֶסְכֵּם.

ה. כְּתֹב מִשְׁפָּטִים מִשֶּׁלְּךָ:

1. ______________, אֲבָל ______________.
2. ______________, אֲבָל ______________.
3. ______________, אֶלָּא ______________.
4. ______________, אֶלָּא ______________.

ו. כְּתֹב מֵחָדָשׁ, בְּעֶזְרַת צוּרוֹת שֶׁל בֶּן וְשֶׁל בַּת:

1. כָּתַבְתִּי חִבּוּר *שֶׁיֵּשׁ בּוֹ חֲמִשָּׁה חֲלָקִים*

____

2. הֵם תָּמִיד נִמְצָאִים אֶצְלָהּ בַּבַּיִת, וּמַרְגִּישִׁים שָׁם *כַּאֲנָשִׁים שֶׁשַּׁיָּכִים לַבַּיִת*

____

3. הֵן כְּבָר *בְּגִיל 18*

____

4. זֶה מַאֲמָר אָרֹךְ. *יֵשׁ בּוֹ 7 עַמּוּדוֹת*

____

5. הוּא לוֹמֵד בְּכִתָּה *שֶׁיֵּשׁ בָּהּ 50 תַּלְמִידִים*

____

ז. הֲפֹךְ מִיָּחִיד לְרַבִּים, וְיַדַּע.

דֻּגְמָה: בֵּית סֵפֶר תִּיכוֹן   בָּתֵּי הַסֵּפֶר הַתִּיכוֹנִיִּים

1. מִפְלֶגֶת פּוֹעֲלִים חֲדָשָׁה ______________
2. עִיר פִּתּוּחַ קְטַנָּה ______________
3. בִּנְיַן דִּירוֹת גָּבוֹהַּ ______________
4. רְחוֹב עִיר מֶרְכָּזִי ______________

ח. הַשְׁלֵם אֶת הַנִּקּוּד הֶחָסֵר:

בְּמֶשֶׁךְ שְׁלֹשֶׁת החֳדָשִׁים האַחֲרוֹנִים, עָרַך המְתַוֵּךְ האֲמֶרִיקָאִי פְּגִישׁוֹת עִם נְצִיגֵי העֲרָבִים והיִשְׂרְאֵלִים בִּשְׁלֹשׁ הבִירוֹת: קָהִיר, דַּמֶּשֶׂק, וירוּשָׁלַיִם. לִפְנֵי פחוֹת מִשָּׁעָה הוֹדִיעוּ ברַדְיוֹ, שֶׁאַחֲרֵי נְסִיעוֹת רַבּוֹת ועֲבוֹדָה קָשָׁה, המַשָּׂא ומַתָּן נִגְמַר וְשכָל הצְדָדִים מְרֻצִּים מהתוֹצָאוֹת.

שֵׁם: ______________

שעור י״ב

א. הֲפֹךְ כָּל זוּג מִשְׁפָּטִים לְמִשְׁפָּט מֻרְכָּב אֶחָד:

1. חָסִיד טוֹב צָרִיךְ לֶאֱהֹב אֶת עַם יִשְׂרָאֵל. חָסִיד טוֹב רוֹצֶה לְהִתְאַחֵד עִם אֱלֹהִים.

____

2. אַתָּה מַאֲמִין בְּשֵׁדִים וְרוּחוֹת? שֵׁדִים וְרוּחוֹת מַזִּיקִים לָאָדָם.

____

3. הַגָּאוֹן מִוִּילְנָה הָיָה רַב מְלַמֵּד. הַגָּאוֹן מִוִּילְנָה עָמַד בְּרֹאשׁ הַמִּתְנַגְּדִים.

____

4. בַּשִּׁעוּר הַבָּא נִקְרָא סִפּוּר. הַסִּפּוּר נִכְתַּב עַל יְדֵי י. ל. פֶּרֶץ.

____

ב. הֲפֹךְ מִפָּעִיל לְסָבִיל:

1. הַקּוֹזָקִים רָדְפוּ אֶת הַיְּהוּדִים.

____

2. הַפְּרָעוֹת הָרְסוּ אֶת הַקְּהִלָּה הַיְּהוּדִית.

____

3. הַחֲסִידוּת מָשְׁכָה (אֵלֶיהָ) אֶת לֵב הַיְּהוּדִי הַפָּשׁוּט.

____

4. הַמִּתְנַגְּדִים בָּלְמוּ אֶת הִתְפַּשְּׁטוּת הַחֲסִידוּת בְּלִיטָא.

____

ג. כְּתֹב מֵחָדָשׁ בְּעֶזְרַת הַמָּקוֹר:

1. הַנָּצִיג הָיָה מְבֻלְבָּל מְאֹד, כְּשֶׁהוּא יָצָא מֵהַיְשִׁיבָה.

____

2. כְּשֶׁהַמִּלְחָמָה סוֹעֶרֶת, הַמּוּזוֹת שׁוֹתְקוֹת.

____

3. הַמְתַוְּכִים הָיוּ נִרְגָּשִׁים מְאֹד, כְּשֶׁהֵם נִכְנְסוּ לַחֶדֶר.

____

4. הִיא תְּסַפֵּר לָנוּ עַל הַפְּגִישָׁה, כְּשֶׁהִיא תָּשׁוּב לָאָרֶץ.

____

ד. כְּתֹב בִּסְמִיכוּת מְיֻדַּעַת (מִסְפָּרִים):

1. הִיא מְנוּיָה עַל שְׁלֹשָׁה שָׁבוּעוֹנִים. __________ __________ הֵם בִּצְבָעִים.
2. קָרָאנוּ אַרְבָּעָה מַאֲמָרִים. __________ __________ מְסַפְּרִים עַל תּוֹצָאוֹת הַסּוּפָה.
3. יֵשׁ לִי שָׁלֹשׁ חֲבֵרוֹת טוֹבוֹת. __________ __________ אוֹהֲבוֹת לִרְקֹד.
4. יֵשׁ לָהֶם אֶלֶף מְנוּיִים. __________ __________ מְקַבְּלִים אֶת כְּתַב הָעֵת בְּבָתֵּיהֶם.
5. אֵינֶנִּי מַכִּיר אֶת הַכְּתוֹבוֹת שֶׁל חֲמִשָּׁה תַּלְמִידִים בַּכִּתָּה. __________ __________ אֵינָן בְּסֵפֶר הַטֶּלֶפוֹן.
6. שְׁלֹשׁ עֶשְׂרֵה סִירוֹת שָׁטוֹת בָּאֲגַם. שְׁתֵּי סִירוֹת הֵן סִירוֹת מִפְרָשׂ, וְ__________ __________ הָאֲחֵרוֹת הֵן סִירוֹת מָנוֹעַ.

ה. הַשְׁלֵם בַּצּוּרוֹת הַמַּתְאִימוֹת שֶׁל בֵּן אוֹ בַּת:

1. הַמֶּמְשָׁלָה חָתְמָה עַל הֶסְכֵּם *שֶׁיֵּשׁ בּוֹ שְׁלֹשָׁה חֲלָקִים*

____

2. הֵם נִרְאִים לִי כְּ*אֲנָשִׁים שֶׁשַּׁיָּכִים לַמָּקוֹם*

____

3. מְדִינַת יִשְׂרָאֵל כְּבָר לֹא *בְּגִיל 10*.

____

4. מְכוֹנִיּוֹת סְפּוֹרְט הֵן בְּדֶרֶךְ כְּלָל (מְכוֹנִיּוֹת) *שֶׁיֵּשׁ בָּהֶן שְׁתֵּי דְּלָתוֹת*

____

ו. סַמֵּן בְּעִגּוּל אֶת הַמִּלָּה הַיּוֹצֵאת דֹּפֶן, וְהַסְבֵּר מַדּוּעַ:

1. קְהִלָּה, עַם, מִפְלָגָה, תְּקוּפָה ______________
2. לִמּוּד, יֶדַע, כַּוָּנָה, חִנּוּךְ ______________
3. הַשְׁפָּעָה, שֵׁד, קָמֵיעַ, רוּחַ ______________
4. סֵבֶל, מִנְהָג, צַעַר, כְּאֵב ______________
5. דָּת, אֱמוּנָה, הִתְפַּשְּׁטוּת, פֻּלְחָן ______________
6. זִלְזוּל, סָפֵק, צְחוֹק, כָּבוֹד ______________
7. הִתְנַגְּדוּת, חֲסִידוּת, מִלְחָמָה, מְרִיבָה ______________

ז. הַשְׁלֵם בַּצּוּרוֹת הַמַּתְאִימוֹת שֶׁל בַּעַל אוֹ חָסֵר:

1. הָאִכָּרִים בְּפּוֹלִין הָיוּ ________ אֱמוּנוֹת תְּפֵלוֹת.
2. אֱמוּנָה תְּפֵלָה הִיא אֱמוּנָה ________ טַעַם.
3. תְּפִלָּה מִתּוֹךְ כַּוָּנָה הִיא ________ חֲשִׁיבוּת מֶרְכָּזִית בַּחֲסִידוּת.
4. אֲנָשִׁים מוֹדֶרְנִיִּים חוֹשְׁבִים שֶׁקָּמֵיעַ הוּא דָּבָר ________ כָּל כֹּחַ מְיֻחָד.

א. הַשְׁלֵם בְּ- בִּגְלַל, לַמְרוֹת, מִפְּנֵי שֶׁ-, אוֹ לַמְרוֹת שֶׁ-:

1. הַקְּהִלָּה הַיְּהוּדִית הִמְשִׁיכָה לְהִתְקַיֵּם, ________ הַפְּרָעוֹת וְהָרְדִיפוֹת נֶגְדָּהּ.
2. יְהוּדִים רַבִּים נִמְשְׁכוּ אֶל הַחֲסִידוּת, ________ הִיא הִצִּיעָה הַרְבֵּה לָאָדָם הַפָּשׁוּט.
3. יְהוּדִי פָּשׁוּט שֶׁמַּאֲמִין הוּא יְהוּדִי טוֹב ________ הוּא אֵינֶנּוּ מְלֻמָּד בַּתּוֹרָה.
4. הַמִּתְנַגְּדִים נִלְחֲמוּ בַּחֲסִידוּת, ________ דַּרְכֵי הַחֲסִידִים, שֶׁנִּגְּדוּ אֶת הַמָּסֹרֶת.

ב. הַעְתֵּק אֶת כָּל הַסְּמִיכוּיוֹת בַּחֵלֶק הָרִאשׁוֹן בַּסִּפּוּר (מֵהַקֶּטַע "וְהִנֵּה, מַה שֶּׁהַפֶּתַח פָּתוּחַ"), וּפָרֵק אוֹתָן:

1. בֵּית הַצַּדִּיק — הַבַּיִת שֶׁל הַצַּדִּיק
2. ________ ________
3. ________ ________
4. ________ ________
5. ________ ________
6. ________ ________
7. ________ ________
8. ________ ________

ג. הֲפֹךְ מִפָּעִיל לְסָבִיל:

1. אֱלֹהִים סוֹמֵךְ נוֹפְלִים. ________
2. אַתֶּם סוֹגְרִים אֶת בֵּית הַמִּדְרָשׁ. ________
3. הִיא קָנְתָה אֶת הָעֻגּוֹת. ________
4. הֵם קָבְעוּ אֶת הַיְּשִׁיבָה לְמָחָר. ________
5. הוּא עוֹשֶׂה עֲבוֹדָה טוֹבָה. ________
6. אֲנַחְנוּ נִבְנֶה אֶת בֵּית הַמִּקְדָּשׁ. ________

ד. חַבֵּר כָּל זוּג מִשְׁפָּטִים לְמִשְׁפָּט מֻרְכָּב אֶחָד:

1. הָרַבִּי מִנֶּמִירוֹב נֶעֱלַם. הָרַבִּי מִנֶּמִירוֹב יָדוּעַ כַּצַּדִּיק מִנֶּמִירוֹב.

____

2. בְּנֵי בֵּיתוֹ שֶׁל הַצַּדִּיק מַשְׁאִירִים אֶת הַדֶּלֶת פְּתוּחָה. בְּנֵי בֵּיתוֹ שֶׁל הַצַּדִּיק מַשְׁכִּימִים לְ"סְלִיחוֹת".

____

3. גַּנָּבִים אֵינָם נִגָּשִׁים אֶל בֵּית הַצַּדִּיק. בֵּית הַצַּדִּיק פָּתוּחַ תָּמִיד.

____

4. אֱלֹהִים מֵגֵן עַל הַחֲסִידִים בִּזְכוּת הַצַּדִּיק. הַצַּדִּיק מִתְפַּלֵּל עֲלֵיהֶם.

____

ה. כְּתֹב בַּצַּד בְּמִלִּים אֶת הַמִּסְפָּרִים הַמּוֹפִיעִים בְּסֻגְרַיִם (לֹא כֻּלָּם בִּסְמִיכוּת!):

1. כָּל יוֹם אֲנִי קוֹרֵא (2) עִתּוֹנִים: עִתּוֹן בֹּקֶר וְעִתּוֹן עֶרֶב. ____________

2. (3) הַכּוֹתָרוֹת הָרִאשׁוֹנוֹת בָּעַמּוּד עוֹסְקוֹת בְּחַדָשׁוֹת חוּץ, ____________

וְ-(5) הַכּוֹתָרוֹת הָאֲחֵרוֹת - בְּעִנְיְנֵי בִּטָּחוֹן. ____________

3. בְּ-(4) הַשָּׁנִים הָאַחֲרוֹנוֹת, יִשְׂרָאֵל הִצְלִיחָה בְּפִתּוּחַ הַתַּיָּרוּת. ____________

4. בְּ-(6) הֶחֳדָשִׁים הָאַחֲרוֹנִים, אֲחוּז הָאִינְפְלַצְיָה נִשְׁאַר נָמוּךְ. ____________

5. מִתּוֹךְ (13) הָעִתּוֹנִים שֶׁהַסִּפְרִיָּה חֲתוּמָה עֲלֵיהֶם, רַק ____________

(8) הֵם עִתּוֹנֵי בֹּקֶר. ____________

6. (5) עִתּוֹנֵי עֶרֶב נִמְכָּרִים בְּדוּכְנֵי עִתּוֹנִים. ____________

7. יֵשׁ (7) מוֹדָעוֹת שִׁדּוּכִים בָּעַמּוּד הָאַחֲרוֹן שֶׁל הָעִתּוֹן; ____________

אֲבָל רַק (2) מֵהֶן נִרְאוֹת רְצִינִיּוֹת. ____________

ו. הַשְׁלֵם אֶת הַנִּקוּד הֶחָסֵר:

התְפִלּות שֶׁנֶּאֱמָרות בחֹדֶש האַחֲרון ובחֹדֶש הרִאשון שֶׁל השָּׁנָה נִקְרָאות "סְלִיחות". בִּימֵי הַסְּלִיחות, יְהודִים מְבַקְשִׁים סְלִיחָה מכָּל אָדָם ומֵאֱלֹהִים: אָדָם אֵינוֹ יָכוֹל לִסְלֹחַ לְאָדָם אַחֵר עַל חֵטְא כְּלַפֵּי אֱלֹהִים, ואֱלֹהִים אֵינוֹ סוֹלֵחַ עַל חֵטְא שֶׁנַּעֲשָׂה נֶגֶד אָדָם אַחֵר.

שֵׁם: ______________

א. עֲנֵה עַל הַשְּׁאֵלוֹת (אַל תַּעְתִּיק מֵהַסִּפּוּר. עֲנֵה בְּמִלִּים שֶׁלְּךָ):

1. אֵיפֹה אֶפְשָׁר לְהִתְפַּלֵּל בִּימֵי הַ"סְּלִיחוֹת"?

____

2. לָמָּה אֵין גַּנָּבִים בָּאִים אֶל בֵּית הַצַּדִּיק?

____

3. אֵיפֹה חוֹשְׁבִים הַחֲסִידִים שֶׁהָרַבִּי שֶׁלָּהֶם נִמְצָא?

____

4. מַדּוּעַ?

____

5. מַה הוּא "כִּסֵּא כְּבוֹדוֹ"?

____

ב. הַשְׁלֵם אֶת הַטַּבְלָה:

שרש	בנין	זמן	גוף	צורה	שם הפעל
				נֶעֱלָם	
				יוֹצְאִים	
				עוֹזְבִים	
				רָאָה	
				יָבוֹאוּ	
				יִגַּע	
				תִּיבַשׁ	
				קָרֵב	
				יַעֲמֹד	
				עוֹלָה	

ג. הַשְׁלֵם אֶת הַמִּשְׁפָּטִים הַבָּאִים:

1. רָאִיתִי אֶת תָּכְנִית הַטֶּלֶוִיזְיָה, אֲבָל ____________
2. הַמַּאֲמָר לֹא מוֹפִיעַ בָּעַמּוּד הַשֵּׁנִי, אֶלָּא ____________
3. הִיא לֹא כַּתֶּבֶת רַדְיוֹ, אֶלָּא ____________
4. אֵין לִי טֶלֶוִיזְיָה בַּבַּיִת, אֲבָל ____________

ד. כְּתֹב עִם וָו הַהִפּוּךְ (וַ):

1. הַמִּתְנַגְּדִים שָׁאֲלוּ שְׁאֵלוֹת רַבּוֹת. ____________
2. הַצַּדִּיק גָּנַח בִּשְׁנָתוֹ. ____________
3. שָׁמַעְתָּ אֶת קוֹלִי. ____________
4. אֱלֹהִים בָּחַר בְּמֹשֶׁה לְהוֹצִיא אֶת עַמּוֹ מִמִּצְרַיִם. ____________
5. הָלַכְתִּי אִתְּכֶם. ____________

ה. הַשְׁלֵם בַּצּוּרוֹת הַמַּתְאִימוֹת שֶׁל עָשׂוּי אוֹ עָלוּל:

1. שַׂר הָאוֹצָר ____________ לִפְתֹּר אֶת בְּעָיַת הַכַּלְכָּלָה.
2. הָעִתּוֹן ____________ לְהִסָּגֵר בִּגְלַל חֹסֶר תַּקְצִיב.
3. הַמֻּמְחִים מִטֶּקְסַס ____________ לְגַלּוֹת נֵפְט בַּנֶּגֶב.
4. נְצִיגַת אַרְהָ״ב בָּאוּ״ם ____________ לְהַצְבִּיעַ נֶגֶד הַצָּעַת הַגּוּשׁ הַמִּזְרָחִי.
5. גַּנָּבִים ____________ לְהִכָּנֵס לַבִּנְיָן.
6. פִּרְסוּמוֹת טוֹבוֹת ____________ לַעֲזֹר בְּשִׁוּוּק תַּפּוּזִים מִיִּשְׂרָאֵל.
7. הַמֶּמְשָׁלָה ____________ לִגְרֹם לְמִלְחָמָה.
8. סוּפוֹת שֶׁלֶג קָשׁוֹת ____________ לְהַגִּיעַ לְאֵזוֹרֵנוּ הַלַּיְלָה.

ו. עֲנֵה עַל הַשְּׁאֵלוֹת:

1. לָמָּה הִתְגַּנֵּב הַלִּיטָאִי אֶל בֵּית הַצַּדִּיק?

____

2. מָה רָאָה הַלִּיטָאִי בְּמֶשֶׁךְ הַלַּיְלָה?

____

3. אֵיךְ מַה שֶּׁהַלִּיטָאִי רָאָה בְּמֶשֶׁךְ הַלַּיְלָה הִשְׁפִּיעַ עָלָיו?

____

ז. כְּתֹב מֵחָדָשׁ בְּעֶזְרַת צוּרוֹת שֶׁל בֶּן אוֹ בַּת:

1. הַחֲסִידִים וְהַמִּתְנַגְּדִים *שַׁיָּכִים לְדָת אַחַת*

____

2. הַמִּתְנַגֵּד לֹא הָיָה *מִישֶׁהוּ שֶׁחַי בְּנֶמִירוֹב*

____

3. הַהִסְטוֹרְיָה וְהַמָּסֹרֶת הַיְּהוּדִיּוֹת הֵן *בְּגִיל אַלְפֵי שָׁנִים*

____

4. הוּא לָמַד מַסֶּכֶת *שֶׁיֵּשׁ בָּהּ עֶשְׂרִים עַמּוּדִים*

____

ח. הַשְׁלֵם אֶת הַנִּקּוּד הֶחָסֵר:

הַחֳרָפִים האַחֲרוֹנִים בירוּשָׁלַיִם הָיוּ קָשִׁים מהרָגִיל. התוֹשָׁבִים סָבְלוּ מהקֹר, מהבָּרָד, וּמִן השְׁלָגִים הרַבִּים שֶׁיָּרְדוּ בהָרֵי יְהוּדָה.

שֵׁם: ______________

א. הַשְׁלֵם בְּעֶזְרַת שֵׁם הַפְּעוּלָּה:

1. טוֹב שֶׁהוּא נִמְצָא פֹּה. הַ ______________ שֶׁלוֹ בַּמָּקוֹם תּוֹרֶמֶת לָאֲוִירָה הַטּוֹבָה.
2. הַ ______________ שֶׁל הָרַבִּי מֵהָעִיר בִּימֵי הַ"סְּלִיחוֹת" מַדְאִיגָה אֶת הַחֲסִידִים.
3. הַ ______________ שֶׁל הַלִּיטָאִי בַּגְּמָרָא כֹּה רַבָּה, שֶׁהוּא יָכוֹל לִלְמֹד מִבְּלִי לִקְרֹא.
4. בִּשְׁעַת הַ ______________ מֵהַבַּיִת, הַלִּיטָאִי חָשַׁד שֶׁהַצַּדִּיק גַּזְלָן בַּלַּיְלָה.

ב. כְּתֹב בַּצַּד בְּמִלִּים אֶת הַמִּסְפָּרִים בְּסֹגְרַיִם:

1. (3) שָׂרִים בַּוַּעֲדָה שַׁיָּכִים לְמִפְלֶגֶת הָעֲבוֹדָה; ______________
   (4) הָאֲחֵרִים הֵם מֵהַמִּפְלָגוֹת הַדָּתִיּוֹת. ______________
2. נְצִיגֵי (10) מְדִינוֹת הַשּׁוּק הַמְּשֻׁתָּף יִפָּגְשׁוּ בְּבְרִיסֶל. ______________
3. נְצִיגֵי הַגּוּשׁ הַמִּזְרָחִי בָּאוּ"ם תָּמְכוּ בְּ(3) הַהַצָּעוֹת שֶׁל אַשְׁ"ף. ______________
4. (2) מֵ-(5) חַבְרֵי הַכְּנֶסֶת הַקּוֹמוּנִיסְטִים הֵם עֲרָבִים. ______________ ______________
5. (4) הַנְּשִׂיאִים הָרִאשׁוֹנִים שֶׁל יִשְׂרָאֵל נוֹלְדוּ בְּאֵירוֹפָּה. ______________
6. (3) הַמְּטוֹסִים חָזְרוּ לְבְסִיסָם בְּשָׁלוֹם. ______________
7. (9) אָחוּז מֵאֶזְרָחֵי יִשְׂרָאֵל, בַּעֲלֵי זְכוּת בְּחִירָה, לֹא הִצְבִּיעוּ בַּבְּחִירוֹת הָאַחֲרוֹנוֹת. ______________

ג. כְּתֹב בְּעֶזְרַת וָו הַהִפּוּךְ (וַ):

1. אָמַרְתִּי לָהֶם לָשׁוּב. ______________________________
2. הַמָּקוֹם נִקְרָא "בֵּית אֵל". ______________________________
3. יְשַׁבְתֶּם בְּעֵבֶר הַיַּרְדֵּן. ______________________________
4. אַבְרָהָם נָפַל עַל פָּנָיו. ______________________________
5. הַדְּבָרִים נוֹדְעוּ בָּעָם. ______________________________
6. הָאִשָּׁה יָלְדָה בֵּן. ______________________________

ד. חַבֵּר כָּל זוּג מִשְׁפָּטִים לְמִשְׁפָּט מֻרְכָּב אֶחָד:

1. הָאֲנָשִׁים הוֹלְכִים לִתְפִלּוֹת. הָאֲנָשִׁים גָּרִים בָּעִיר.

____

2. הָאִישׁ אוֹהֵב אֶת הַחֲסִידִים. הָאִישׁ כּוֹתֵב אֶת הַסִּפּוּר.

____

3. הוּא מְדַבֵּר עַל הָרַבִּי. הָרַבִּי מִתְפַּלֵּל בְּבֵית הַמִּדְרָשׁ.

____

4. הַצַּדִּיק מִתְלַבֵּשׁ כְּאִכָּר. אִכָּר עוֹבֵד בַּשָּׂדוֹת.

____

5. הוּא הוֹלֵךְ אַחֲרֵי הַצַּדִּיק כְּמוֹ צֵל. צֵל הוֹלֵךְ אַחֲרֵי הָאָדָם.

____

ה. הַעְתֵּק וּפָרֵק אֶת כָּל הַסְּמִיכוּיוֹת בְּ-7 הַשּׁוּרוֹת בְּחֵלֶק ג ("אַחֲרֵי כֵן הוֹדָה . . . בִּגְדֵי אִכָּר")

1. ____________ ____________________
2. ____________ ____________________
3. ____________ ____________________
4. ____________ ____________________
5. ____________ ____________________
6. ____________ ____________________
7. ____________ ____________________
8. ____________ ____________________

ו. הֲפֹךְ מְפָעִיל לְסָבִיל:

1. הָאִכָּר זָרַע חִטָּה. ______________
2. הֵם יַחְקְרוּ אֶת הַגַּנָּב. ______________
3. הִיא תִּבְנֶה סִירָה מֵעֵץ. ______________
4. עָשִׂינוּ עֲבוֹדָה יָפָה. ______________
5. אֱלֹהִים בָּרָא אֶת הָעוֹלָם בְּשִׁשָּׁה יָמִים. ______________
6. שַׂר הָאוֹצָר יִמְצָא תְּרוּפָה נֶגֶד הָאִנְפְלַצְיָה______________

____

ז. מְצָא בִּטּוּיִים מַקְבִּילִים בַּסִּפּוּר, וְהַעְתֵּק:

1. בֶּטַח ______________
2. זֶה לֹא עִנְיָן חָשׁוּב ______________
3. מֻקְדָּם מְאֹד בַּבֹּקֶר ______________
4. אֵיפֹה ______________
5. אַף פַּעַם ______________
6. קָמִים מֻקְדָּם בַּבֹּקֶר ______________
7. אֲנִי בָּטוּחַ ______________
8. עֲשָׂרָה גְּבָרִים לִתְפִלָּה ______________
9. שְׁמִירָה עַל מִצְוֹת הַדָּת ______________

ח. הַשְׁלֵם אֶת הַנִּקּוּד הֶחָסֵר:

בחֵלֶק האַחֲרוֹן שֶׁקָּרָאנוּ, רָאִינוּ שֶׁהמִתְנַגֵּד, כיהוּדִי לִיטָאִי הָגוּן, מַמְשִׁיךְ בעַקְשָׁנוּת בחֲקִירָה שֶׁלוֹ, לַמְרוֹת שֶׁיֵּשׁ לוֹ סִבָּה טוֹבָה לִרְצוֹת לִבְרֹחַ מבֵּית הצַדִּיק ולְוַתֵּר עַל כָּל העִנְיָן.

א. עֲנֵה עַל הַשְּׁאֵלוֹת:

1. אֵילוּ קוֹלוֹת נִשְׁמָעִים בָּרְחוֹב בְּשָׁעָה שֶׁהַלִּיטָאִי עוֹקֵב אַחֲרֵי הַצַּדִּיק?

____

2. מַדּוּעַ כָּתוּב שֶׁהַצַּדִּיק "צוֹלֵל"? (אֵין מַיִם בָּרְחוֹב!)

____

3. מַדּוּעַ דּוֹפֵק לִבּוֹ שֶׁל הַלִּיטָאִי בְּחָזְקָה?

____

4. מָה הֶעֱמִיס הָרַבִּי הַזָּקֵן עַל כְּתֵפָיו?

____

ב. סַמֵּן בְּעִגּוּל אֶת הַבִּטּוּי הַמַּקְבִּיל לַמִּלִּים הַמֻּבְלָטוֹת:

1. לִפְנֵי הַתְּפִלּוֹת, כָּל הַסִּדּוּרִים בְּבֵית הַכְּנֶסֶת *נֶעֶלְמוּ*.

עָמְדוּ אֶחָד עַל הַשֵּׁנִי
לֹא הָיָה אֶפְשָׁר לִמְצֹא אוֹתָם
הָיוּ פְּתוּחִים

2. לֹא צָרִיךְ הָיָה לִנְגֹּעַ *בְּכַף הַמַּנְעוּל* כְּדֵי לְהִכָּנֵס לַבַּיִת.

יָדִית הַדֶּלֶת
מַפְתֵּחַ
נַעַל בַּיִת

3. תַּלְמִידֵי חֲכָמִים *מַשְׁכִּימִים* לַעֲבוֹדַת הַקֹּדֶשׁ.

לֹא מִתְנַגְּדִים
אוֹהֲבִים
קָמִים מֻקְדָּם

4. הַחֲסִידִים לֹא רָאוּ אִישׁ *בְּפֶתַח* בֵּיתוֹ שֶׁל הַצַּדִּיק.

חָצֵר
דֶּלֶת
חֲדַר הָאוֹרְחִים

5. *יִרְאַת חֵטְא* תָּבִיא לַחֲסִידִים שָׁנָה טוֹבָה.

תְּפִלָּה
הִתְנַהֲגוּת טוֹבָה
פַּחַד מִגַּנָּבִים

6. קְדוֹשֵׁי יִשְׂרָאֵל *הִתְפַּלְּלוּ עַל* עַם יִשְׂרָאֵל.

הִתְפַּלְּלוּ עִם הַיְּהוּדִים
הִתְפַּלְּלוּ יוֹתֵר מִכָּל הַיְּהוּדִים
הִתְפַּלְּלוּ בִּשְׁבִיל הַיְּהוּדִים

שֵׁם: ________________

ג. הַשְׁלֵם אֶת מִשְׁפְּטֵי הַתְּנַאי הַבָּאִים:

1. אִם הַמִּתְנַגֵּד יִשְׁכַּב תַּחַת מִטַּת הַצַּדִּיק, הוּא __________ אֶת אֲנָחוֹתָיו.

2. אִם הַמִּתְנַגֵּד יֵלֵךְ אַחֲרֵי הָרַבִּי, הוּא __________ מַה הוּא עוֹשֶׂה בִּשְׁעַת הַסְּלִיחוֹת.

3. אִם בְּנֵי הַבַּיִת יֵצְאוּ, הַכֹּל __________ לִמְנוּחָתוֹ בַּחֲדָרִים הַסְּמוּכִים.

4. אִם הַצַּדִּיק יַכֶּה בָּעֵץ בְּגַרְזֶן, הָעֵץ __________.

5. אִם הַלִּיטָאִי יִרְאֶה אֶת הַצַּדִּיק בַּיַּעַר בְּאֶמְצַע הַלַּיְלָה, הוּא __________ שֶׁהַצַּדִּיק הִשְׁתַּגֵּעַ.

ד. הַשְׁלֵם אֶת הַטַּבְלָה:

בנין	שרש	זמן	גוף	צורה	שם הפעל
פעל	חטב	עתיד	אני		
				נֶאֱנַח	
נפעל	שאר	עתיד	הוא		
				נִפְלִי	
נפעל	אסף	הווה	רבים		
				יִמָּצְאוּ	
נפעל	עשה	עבר	היא		
				יִטֹּל	

ה. הֲפֹךְ מִשְׁלִילָה לְחִיּוּב:

1. אַל תִּכָּנֵס לַהַרְצָאָה! ____________________

2. אַל תֵּרָשְׁמוּ לַשִּׁעוּר הַזֶּה! ____________________

3. אַל תִּפָּגְשִׁי אִתּוֹ! ____________________

4. אַל תֹּאמַר לָנוּ מָתַי תָּשׁוּב! ____________________

5. אַל תִּסְעִי אִתּוֹ! ____________________

שֵׁם: ______________

שעור ט"ז

ו. כְּתֹב מֵחָדָשׁ בְּעֶזְרַת וָו הַהִפּוּךְ:

1. אַתָּה תֹּאהַב אֶת אֲדוֹנָי אֱלֹהֶיךָ. ______________
2. הַדְּבָרִים הָאֵלֶּה יִהְיוּ עַל לְבָבְךָ. ______________
3. אַתֶּם תֹּאמְרוּ "כֹּה לֶחָי". ______________
4. תִּהְיוּ קְדוֹשִׁים לַאֲדוֹנָי. ______________
5. תִּקְרְאוּ בְּשֵׁם אֱלֹהֵיכֶם. ______________

ז. הֲפֹךְ מִיָּחִיד לְרַבִּים, וְהוֹסֵף שֵׁם תֹּאַר לַסְּמִיכוּת:

דֻּגְמָה: אַנְחַת חוֹלֶה — אַנְחוֹת חוֹלֶה עֲצוּבוֹת

1. פִּזְמוֹן סְלִיחוֹת ______________
2. עֵץ יַעַר ______________
3. קוֹל אִשָּׁה ______________
4. כִּיס אַדַּרְתּוֹ ______________
5. קְדוֹשׁ יִשְׂרָאֵל ______________

א. סַמֵּן בְּעִגּוּל אֶת הַבִּטּוּי הַמַּקְבִּיל לַמִּלִּים הַמֻּבְלָטוֹת:

1. הַמִּתְנַגֵּד *מִלֵּא אֶת פִּיו צְחוֹק.*
   - אָכַל הַרְבֵּה
   - לָעַג לַחֲסִידִים
   - לֹא הֶאֱמִין

2. הִיא הֶחֱלִיטָה *לַחֲקֹר אֶת שֹׁרֶשׁ הַדָּבָר.*
   - לִמְצֹא אֶת הַסִּבָּה
   - לִלְמֹד בּוֹטָנִיקָה
   - לְהִתְעַנְיֵן בִּפְעָלִים

3. אֲנִי יוֹדֵעַ אֶת *תַּמְרָא* בְּעַל פֶּה.
   - סוֹף הַסִּפּוּר
   - חֵלֶק מֵהַתַּנַ"ךְ
   - חֵלֶק מֵהַתַּלְמוּד

4. שָׁמַעְנוּ אֶת הַחֲדָשׁוֹת *בְּצַעַר.*
   - בְּיַלְדוּתֵנוּ
   - בְּעֶצֶב
   - בַּחוּץ

5. הוּא הִמְשִׁיךְ לִלְמֹד *בְּלַחַשׁ.*
   - בַּחֹשֶׁךְ
   - בְּעַל פֶּה
   - בְּשֶׁקֶט

6. הוּא רָצָה לַעֲשׂוֹת *דְּבַר בְּלִיַּעַל.*
   - מַעֲשֶׂה שֶׁאֵין לוֹ רֹאשׁ
   - מַעֲשֶׂה לְלֹא עֶזְרָה
   - מַעֲשֶׂה רָע

ב. כְּתֹב מֵחָדָשׁ בְּעֶזְרַת הַמָּקוֹר:

1. *כְּשֶׁהֵם נִכְנְסוּ* לַחֶדֶר, הֵם רָאוּ אִשָּׁה מְכֻסָּה בִּבְלוֹיֵי סְחָבוֹת.

____

2. הָאִשָּׁה לֹא שָׂמְחָה, *כְּשֶׁהִיא רָאֲתָה* אֶת הָרַבִּי הַמִּתְחַפֵּשׂ.

____

3. *כַּאֲשֶׁר הָרַבִּי סָתַם* אֶת פִּי הַתַּנּוּר, הוּא זִמֵּר פִּזְמוֹן שֶׁל סְלִיחוֹת.

____

4. הוּא שָׁקַל שְׁלֹשָׁה קִילוֹגְרָמִים, *כְּשֶׁהוּא נוֹלַד.*

____

ג. כְּתֹב מֵחָדָשׁ בְּעֶזְרַת צוּרוֹת שֶׁל בֵּן אוֹ בַּת:

1. גָּמַרְנוּ לִקְרֹא סִפּוּר, *שֶׁיֵּשׁ בּוֹ חֲמִשָּׁה חֲלָקִים*

____

2. שָׁמַעְתִּי אֶת הַסִּפּוּר לָרִאשׁוֹנָה, כְּשֶׁהָיִיתִי *בְּגִיל 8*

____

3. הַלִּיטָאִי הָפַךְ לִהְיוֹת *מִישֶׁהוּ שֶׁשַּׁיָּךְ לַבַּיִת* אֵצֶל הַצַּדִּיק.

____

ד. הֲפֹךְ מִפָּעִיל לְסָבִיל:

1. הִיא שָׁבְרָה אֶת הַכְּלִי. ______________
2. סָגַרְנוּ אֶת הַמִּשְׂרָד. ______________
3. הֵם קוֹבְעִים פְּגִישָׁה. ______________
4. הוּא יִשְׁלַח דְּרִישַׁת שָׁלוֹם. ______________
5. אַתְּ קוֹנָה סְפָרִים. ______________
6. אֲנִי אֶבְנֶה בִּנְיָן. ______________
7. הֵם יוֹסְדִים מִפְלָגָה. ______________
8. אַתָּה תִּיסַד תְּנוּעָה. ______________

ה. בְּחַר בְּשָׁרָשִׁים מֵהַשּׁוּלַיִם, וְהַשְׁלֵם אֶת מִשְׁפְּטֵי הַתְּנַאי:

1. אִם תַּעֲשׂוּ אֶת מִצְווֹת אֱלֹהִים, הוּא ________ עֲלֵיכֶם. (בוא)
2. אִם הָאִשָּׁה תִּבְטַח בֵּאֱלֹהִים, הוּא ________ לָהּ. (נגש)
3. אִם לֹא תְּסַפֵּר לַאֲחֵרִים, (אני) ________ לְךָ מָה רָאִיתִי. (עזר)
4. אִם יִהְיֶה לָנוּ זְמָן, ________ לְבַקֵּר אֶצְלְכֶם. (שמר)
5. אִם הַמּוֹרֶה יִקְרָא לָהֶם, הֵם ________ אֶל הַלּוּחַ. (אמר)

ו. כְּתֹב מֵחָדָשׁ בְּעֶזְרַת וָו הַהִפּוּךְ:

1. הֵם יָשׁוּבוּ לְבָתֵּיהֶם. ____________
2. תָּבוֹאוּ אֶל הָאָרֶץ. ____________
3. תַּעֲשׂוּ אֶת מִצְווֹתַי. ____________
4. תֵּדְעוּ כִּי אֲנִי אֲדוֹנַי אֱלֹהֵיכֶם. ____________

א. סַמֵּן בְּעִגּוּל אֶת הַבִּטּוּי הַמַּקְבִּיל לַמִּלִּים הַמֻּבְלָטוֹת:

1. הַצַּדִּיק עָשָׂה אֶת דַּרְכּוֹ *בַּלָּאט.*
   - בִּמְהִירוּת
   - בְּשֶׁקֶט
   - בַּלַּיְלָה
2. הַסִּמְטָה הָיְתָה *חֲשׁוּכָה.*
   - חַסְרַת אוֹר
   - צָרָה
   - שְׁקֵטָה
3. רָאִיתִי אֶת עַצְמִי *בַּשִּׁמְשָׁה.*
   - אוֹר הַשֶּׁמֶשׁ.
   - אוֹר הַלְּבָנָה
   - זְכוּכִית הַחַלּוֹן
4. הוּא לָבַשׁ *בִּגְדֵי נָכְרִים.*
   - בִּגְדֵי אִכָּר
   - לְבוּשׁ לֹא יְהוּדִי
   - אַדֶּרֶת שֵׂעָר

ב. כְּתֹב מֵחָדָשׁ בְּאֶמְצָעוּת מִלִּים מֵהַסִּפּוּר אֶת הַבִּטּוּיִים הַמֻּבְלָטִים:

1. יְהוּדִים *רוֹחֲצִים אֶת הַיָּדַיִם* לִפְנֵי הָאֲרוּחָה. ____________
2. הָאִכָּר *פָּחַד מְאֹד.* ____________
3. הַלִּיטָאִי *הָיָה לְבַד* בְּחַדְרוֹ. ____________
4. הַכֹּל *חָזַר לִהְיוֹת שָׁקֵט.* ____________
5. הָיָה רַעַשׁ בַּבָּתִּים *הַקְּרוֹבִים.* ____________

ג. הֲפֹךְ מִפָּעִיל לְסָבִיל:

1. אֲנִי אֵדַע אֶת הַפְּרָטִים מָחָר. ____________
2. הִיא יָלְדָה שְׁלֹשָׁה בָּנִים. ____________
3. הוּא רָאָה אֶת הָעִנְיָן בִּרְצִינִי. ____________
4. הֵם יִמְצְאוּ פִּתְרוֹנוֹת. ____________
5. קָנִינוּ אֶת הַכַּרְטִיסִים. ____________
6. שָׁבַרְתְּ אֶת הַכֵּלִים. ____________

ד. הַשְׁלֵם אֶת הַנִּקּוּד הֶחָסֵר:

בּשְׁלֹשֶׁת החֲלָקִים הרִאשׁוֹנִים שֶׁל הסִּפּוּר, אֶפְשָׁר לַחֲשֹׁב לְרֶגַע שֶׁאוּלַי הלִיטָאִי צוֹדֵק, ובאֱמֶת הרַבִּי אֵינֶנּוּ צַדִּיק גָּדוֹל כְּפִי שֶׁנִּדְמֶה לחֲסִידִים. בצֵאתוֹ מחֲדַר הבִשׁוּל כשֶׁגַרְזֶן תָּקוּעַ באֲזוֹרוֹ וקְצֵה חֶבֶל יוֹצֵא מכִיסוֹ, הוּא נִרְאֶה יוֹתֵר כגַּזְלָן מאֲשֶׁר כאִישׁ קָדוֹשׁ העוֹמֵד לחֲסִידָיו בימֵי הסְלִיחוֹת.

שעור י"ט

א. בְּחַר בַּשָּׁרָשִׁים הַמַּתְאִימִים מֵהַשּׁוּלַיִם, וְהַשְׁלֵם אֶת מִשְׁפְּטֵי הַתְּנַאי:

1. אִם הַמִּתְנַגְּדִים יִשְׁמְעוּ שֶׁהַצַּדִּיק בַּמָּרוֹם, הֵם ____________ (יצא)
2. אִם יִהְיֶה קַר בַּחוּץ, (אֲנַחְנוּ) ____________ לַבִּנְיָן. (ראה)
3. אִם תִּשְׁמְעוּ אֶת אַנְחוֹת הַצַּדִּיק, ____________ בִּבְכִי. (כנס)
4. אִם תִּהְיֶה סוּפָה, (אַתְּ) לֹא ____________ לַטִּיּוּל. (צחק)
5. אִם תִּלְבְּשִׁי אֶת זֶה, לֹא ____________ טוֹב. (געה)

ב. הֲפֹךְ מִפָּעִיל לְסָבִיל:

1. נִקְשֹׁר אֶת הַחֶבֶל מִסָּבִיב לָעֵץ.

____

2. הֵם יִמְצְאוּ אֶת הַחֲבִילָה.

____

3. אֲנִי יָדַעְתִּי אֶת הַדָּבָר (לָרִאשׁוֹנָה) אֶתְמוֹל.

____

4. אֲנַחְנוּ רוֹאִים אֶת הַהַצָּעָה כְּחִיּוּבִית.

____

5. אֲנַחְנוּ יוֹסְדִים עִתּוֹן בִּלְתִּי מִפְלַגְתִּי.

____

ג. הַשְׁלֵם בְּצוּרוֹת שֶׁל עָשׂוּי אוֹ עָלוּל:

1. הַסִּפְרוּת הָעִבְרִית ____________ לְהִקָּרֵא בֶּעָתִיד גַּם עַל יְדֵי קוֹרְאִים מִחוּץ לָאָרֶץ.
2. לְלֹא מְדִינָה מִשֶּׁלָּהֶם, הַיְּהוּדִים ____________ לִסְבֹּל מֵרְדִיפוֹת.
3. לוֹמְדֵי הָעִבְרִית שֶׁל הַיּוֹם ____________ לְהַעֲשִׁיר אֶת הַשָּׂפָה בֶּעָתִיד.

ד. שַׁנֵּה אֶת הַמִּשְׁפָּט הַשֵּׁנִי, וְאַחַר כָּךְ כְּתֹב מִשְׁפָּט מֻרְכָּב מִשְּׁנֵי הַמִּשְׁפָּטִים:

1. *הַמַּטָּרָה* הָיְתָה לִפְתֹּר אֶת בְּעָיַת הַגּוֹלָה. הַמַּשְׂכִּילִים הֶחֱיוּ אֶת הָעִבְרִית *בִּשְׁבִיל הַמַּטָּרָה*.

____

____

2. הַיְּהוּדִים לֹא הִכִּירוּ אֶת *תַּרְבּוּת הָעוֹלָם הַמַּעֲרָבִי*. סְפָרִים נִכְתְּבוּ *עַל תַּרְבּוּת הָעוֹלָם הַמַּעֲרָבִי* בְּשָׂפוֹת אֵירוֹפִּיּוֹת.

____

____

3. הַיְּהוּדִים הֵבִינוּ אֶת *הַשָּׂפָה הָעִבְרִית*. הֵם לָמְדוּ אֶת כִּתְבֵי הַקֹּדֶשׁ *בְּעִבְרִית*.

____

____

4. מַטְּרַת הַמַּשְׂכִּילִים הָיְתָה לְקָרֵב אֶת הַיְּהוּדִים אֶל *שְׁכֵנֵיהֶם*. הַיְּהוּדִים נִבְדְּלוּ *מִשְּׁכֵנֵיהֶם* בְּדֶרֶךְ חַיֵּיהֶם.

____

____

5. הַסּוֹפְרִים בְּמִזְרַח אֵירוֹפָּה הִמְשִׁיכוּ אֶת *תַּהֲלִיךְ הַחְיָאַת הַשָּׂפָה הָעִבְרִית*. הַמַּשְׂכִּילִים בַּמַּעֲרָב הִתְחִילוּ *בַּתַּהֲלִיךְ*.

____

____

6. *אֶרֶץ יִשְׂרָאֵל* הָפְכָה לְמֶרְכַּז הַתַּרְבּוּת הָעִבְרִית. סוֹפְרִים חֲשׁוּבִים עָלוּ *אֶל אֶרֶץ יִשְׂרָאֵל*.

____

____

7. הַחֲלוּצִים בְּיִשְׂרָאֵל הֶחֱיוּ אֶת *הַשָּׂפָה הָעִבְרִית* כִּשְׂפַת דִּבּוּר. הֵם לָמְדוּ *אֶת הַשָּׂפָה* לָרִאשׁוֹנָה מֵהַסִּפְרוּת.

____

____

ה. כְּתֹב מֵחָדָשׁ בִּסְמִיכוּת:

1. הָאָחוּז שֶׁל הַתּוֹשָׁבִים שֶׁל הָעִיר, הַקּוֹרְאִים מוּסָפִים שֶׁל עִתּוֹנִים שֶׁל שַׁבָּת, הוּא גָּדוֹל.

2. הַנּוֹשְׂאִים שֶׁל הַחֲדָשׁוֹת שֶׁל הָעִתּוֹן שֶׁל הַבֹּקֶר כְּבָר יְדוּעִים לַצִּבּוּר שֶׁל הַקּוֹרְאִים מֵהָעִתּוֹנִים שֶׁל הָעֶרֶב.

3. הָרֹב שֶׁל הָעִתּוֹנִים הַיּוֹמִיִּים בְּיִשְׂרָאֵל אֵינָם עִתּוֹנִים דָּתִיִּים.

4. שְׁבוּעוֹנִים שֶׁל חֲדָשׁוֹת מֵאַרְצוֹת הַבְּרִית מַגִּיעִים לַחֲנוּיוֹת לְעִתּוֹנִים בְּכָל הֶעָרִים שֶׁל יִשְׂרָאֵל.

5. הַמִּגְוָן שֶׁל הַנּוֹשְׂאִים, הַמּוֹפִיעִים בָּעִתּוֹנוּת שֶׁל יִשְׂרָאֵל, הוּא רָחָב.

6. הַשָּׂפָה שֶׁל הָעִתּוֹנוּת שׁוֹנָה מִזּוֹ שֶׁל הַסִּפְרוּת הַיָּפָה.

ו. כְּתֹב בְּעִבְרִית מוֹדֶרְנִית (לְלֹא וָו הַחִבּוּר):

1. וַיִּבְחֲרוּ הַמַּשְׂכִּילִים לִכְתֹּב בִּשְׂפַת הַתַּנַ״ךְ.

2. וַתִּשָּׁאֵר הָעִבְרִית דַּלָּה מֶשֶׁךְ שָׁנִים רַבּוֹת.

3. וְהָיִינוּ חֵלֶק מִמִּשְׁפַּחַת הָעַמִּים.

4. וּלְמַדְתֶּם אֶת כִּתְבֵי הַקֹּדֶשׁ.

5. וַחֲזַרְתֶּם לְאַדְמַתְכֶם.

שֵׁם: ___________

א. שַׁנֵּה קֹדֶם אֶת הַמִּשְׁפָּט הַטָּפֵל (הַשֵּׁנִי), וְחַבֵּר אַחַר כָּךְ לְמִשְׁפָּט מֻרְכָּב אֶחָד:

1. *הָאִכָּר* חָטַב אֶת הָעֵץ לִגְזָרִים. סִפַּרְתִּי לְךָ *עַל הָאִכָּר*.

____

____

2. *הַמַּגָּפַיִם* חַמִּים מְאֹד. קָנִיתִי *אֶת הַמַּגָּפַיִם* בַּשָּׁנָה שֶׁעָבְרָה.

____

____

3. *הַכִּיס* הָיָה גָּדוֹל. קְצֵה חֶבֶל אָרֹךְ יָצָא *מֵהַכִּיס*

____

____

4. *הָאִישׁ הַזָּקֵן* הוּא הָרַב. הַחֲסִידִים עוֹמְדִים *סְבִיב הָאִישׁ הַזָּקֵן*

____

____

ב. הֲפֹךְ לְרַבִּים, וְהוֹסֵף שֵׁם תֹּאַר לַסְּמִיכוּת:

1. מְקוֹר הַיַּהֲדוּת ___________
2. שִׁיר גַּעְגּוּעִים ___________
3. לֵב קוֹרְאָיו ___________
4. שְׁנַת יַלְדוּתוֹ ___________

ג. הַשְׁלֵם בְּעֶזְרַת אֲבָל אוֹ אֶלָּא:

1. בְּיָאלִיק רָצָה לִלְמֹד בְּאוּנִיבֶרְסִיטָה, ___________ מְבֻקָּשׁוֹ לֹא נִתַּן לוֹ.
2. "אֶל הַצִּפּוֹר" לֹא נִכְתַּב בְּיִידִישׁ, ___________ בְּעִבְרִית.
3. בְּיָאלִיק כָּתַב גַּם שִׁירִים אִישִׁיִּים, ___________ קוֹרְאָיו פֵּרְשׁוּ אוֹתָם כִּלְאֻמִּיִּים.
4. בְּיָאלִיק גָּדַל בְּעֹנִי רַב, ___________ עוֹלָמוֹ הַפְּנִימִי הָיָה עָשִׁיר.

ד. כְּתֹב מֵחָדָשׁ עִם צוּרוֹת שֶׁל יָכוֹל כְּפֹעַל עֵזֶר:

1. הוּא יִכָּנֵס לְכִתָּה ב׳.

____

2. הָעֲבוֹדָה נַעֲשֵׂית בְּיוֹמַיִם.

____

3. הַמִּשְׁטָרָה נִמְצֵאת בַּמָּקוֹם.

____

4. הִיא תִּשָּׁאֵר בַּמִּשְׂרָד הָעֶרֶב.

____

5. לָמָּה לֹא נָסַעְתָּ לְפְלוֹרִידָה?

____

6. הוּא נוֹלַד לִפְנֵי הַחַגִּים.

____

7. לָמָּה לֹא קַמְתֶּן בַּזְּמַן?

____

ה. סַמֵּן בְּעִגּוּל אֶת הַמִּלָּה הַיּוֹצֵאת דֹּפֶן, וְהַסְבֵּר מַדּוּעַ:

1. הַשְׂכָּלָה, יְדִיעָה, שְׁלִיטָה, חָכְמָה ______________
2. תִּקְוָה, אַכְזָבָה, אֱמוּנָה, גַּעְגּוּעִים ______________
3. אוֹצָר, מִלָּה, בִּטּוּי, מֻנָּח ______________
4. עֲנִיָּה, יָתוֹם, אַלְמָנָה, גּוֹרָל ______________
5. קָדוֹשׁ, חִלּוֹנִי, דָּתִי, מָסָרְתִּי ______________
6. סוֹף, כַּוָּנָה, אֶמְצָעִי, מַטָּרָה ______________

ז. הֲפֹךְ מִפָּעִיל לְסָבִיל:

1. הַמַּשְׂכִּילִים רָאוּ אֶת הַגּוֹלָה כִּבְעָיָה מֶרְכָּזִית בְּחַיֵּי הַיְּהוּדִים.

____

2. הַיְּהוּדִים יָדְעוּ (לָרִאשׁוֹנָה) עַל חִדּוּשִׁים בַּמַּעֲרָב, בְּאֶמְצָעוּת סִפְרוּת עִבְרִית.

____

3. הַסּוֹפְרִים בְּמִזְרַח אֵרוֹפָּה כָּלְלוּ בְּסִפְרוּתָם מֻנָּחִים מֵהַתַּלְמוּד וּמִשִּׁירַת יְמֵי הַבֵּינַיִם.

____

4. הַיּוֹם, כִּמְעַט רַק דּוֹבְרֵי עִבְרִית קוֹרְאִים סִפְרוּת עִבְרִית.

____

5. לוֹמְדֵי הַשָּׂפָה הָעִבְרִית שֶׁל הַיּוֹם יִתְרְמוּ אוּלַי תְּרוּמָה חֲשׁוּבָה לְהִתְפַּתְּחוּת הָעִבְרִית בֶּעָתִיד.

____

ח. הַשְׁלֵם אֶת הַנִּקּוּד הֶחָסֵר:

1. הרַבִּי מנֶמִירוֹב הָיָה יָדוּעַ כּצַדִּיק מנֶמִירוֹב.
2. האִישׁ הקָדוֹשׁ יָשַׁב באֶמְצַע, והחֲסִידִים עָמְדוּ מסְבִיבוֹ.
3. מימֵי משֶׁה ועַד היוֹם לא הָיָה יְהוּדִי חָשׁוּב כמשֶׁה.
4. יְהוּדִים ולֹא יְהוּדִים מְחַכִּים לימוֹת המָשִׁיחַ.
5. יְהוּדִים מכָּל העָרִים באֵזוֹר שָׁמְעוּ עַל הרַב החָדָשׁ.
6. ביוֹם הכִּפּוּרִים, עָמַדְתִּי בבֵית הכְנֶסֶת, ואֶתְפַּלֵּל.

ט. חַלֵּק לַהֲבָרוֹת, וְצַיֵּן אִם הֵן סְגוּרוֹת אוֹ פְּתוּחוֹת:

אֵיזֶה בֹּקֶר אָבִיב יָפֶה: שֶׁמֶשׁ זוֹרַחַת; אֵין אַף עָנָן; לֹא יֹרֵד גֶּשֶׁם!

____

____

א. הַשְׁלֵם בְּעֶזְרַת צוּרוֹת שֶׁל בֶּן אוֹ בַּת:

1. הַשִּׁיר "לְבַדִּי" הוּא (שִׁיר) *שֶׁיֵּשׁ בּוֹ שִׁשָּׁה בָּתִּים*

____

2. אֶזְרָחִים *בְּגִיל 18* יְכוֹלִים לְהַצְבִּיעַ בִּבְחִירוֹת.

____

3. הוּא חַי בְּעִיר *שֶׁיֵּשׁ בָּהּ מִלְיוֹן תּוֹשָׁבִים*

____

ב. הַשְׁלֵם בְּ- בִּגְלַל, מִפְּנֵי שֶׁ-, לַמְרוֹת אוֹ לַמְרוֹת שֶׁ-:

1. בְּיָאלִיק זָכָה לְהַעֲרָכָה רַבָּה __________ הַסִּגְנוֹן וְהַתֹּכֶן שֶׁל שִׁירָיו.
2. בְּיָאלִיק הָיָה אָדָם מַשְׂכִּיל, __________ הוּא לֹא לָמַד בָּאוּנִיבֶרְסִיטָה.
3. בְּיָאלִיק עָלָה אַרְצָה, __________ הוּא הָיָה צִיּוֹנִי.
4. בְּיָאלִיק יָדַע הַרְבֵּה שִׂמְחָה, __________ יַלְדוּתוֹ הָעֲצוּבָה.

ג. כְּתֹב מֵחָדָשׁ עִם צוּרוֹת שֶׁל צָרִיךְ כְּפֹעַל עֵזֶר:

1. יִשְׂרָאֵל תַּעֲזֹר לִמְדִינוֹת מִתְפַּתְּחוֹת.

____

2. סוּדָן תּוֹמֶכֶת בִּמְדִינִיּוּת הַשָּׁלוֹם שֶׁל מִצְרַיִם.

____

3. שַׁגְרִירוּיוֹת יִשְׂרָאֵל בְּאַפְרִיקָה נִסְגְּרוּ בְּ-1973.

____

4. אַפְרִיקָה נִקְרֵאת "הַיַּבֶּשֶׁת הַשְּׁחוֹרָה".

____

5. עֲבוֹדָה חֲשׁוּבָה תֵּעָשֶׂה בַּתְּחוּם הַפּוֹלִיטִי וְהַכַּלְכָּלִי.

____

ד. סַמֵּן בְּעִגּוּל אֶת הַמִּלָּה הַיּוֹצֵאת דֹּפֶן, וְהַסְבֵּר מַדּוּעַ:

1. צִפּוֹר, כָּנָף, יָד, תְּעוּפָה ______________
2. בֹּקֶר, שִׁירָה, אוֹר, שֶׁמֶשׁ ______________
3. רוּחַ, רְנָנָה, שִׂמְחָה, שִׁירָה ______________
4. גַּעְגּוּעִים, אַהֲבָה, מַטָּרָה, תִּקְוָה ______________
5. לָשֵׂאת, לָקַחַת, לִסְחֹף, לְהַעֲמִיס ______________

ה. מְחַק אֶת הַמִּלָּה הַבִּלְתִּי מַתְאִימָה:

1. כָּל חֲבֵרַי נָסְעוּ לִפְלוֹרִידָה, וַאֲנִי נִשְׁאַרְתִּי (לְבַדִּי/בְּעַצְמִי).
2. הַמּוֹרֶה חוֹלֶה הַיּוֹם; נִצְטָרֵךְ לִלְמֹד (לְבַדֵּנוּ/בְּעַצְמֵנוּ)
3. הַהוֹרִים בָּעֲבוֹדָה, וְהַיְלָדִים (לְבַדָּם/בְּעַצְמָם) בַּבַּיִת.
4. אֲנִי יוֹדֵעַ שֶׁהוּא עָצוּב, כִּי הוּא (לְבַדּוֹ/בְּעַצְמוֹ) סִפֵּר לִי.
5. פָּתַרְתְּ אֶת כָּל הַתַּשְׁבֵּץ (לְבַדֵּךְ/בְּעַצְמֵךְ)?

ו. הֲפֹךְ מִפָּעִיל לְסָבִיל:

1. הָרוּחַ וְהָאוֹר נָשְׂאוּ אֶת כֻּלָּם. ______________
2. הִיא תִּטַּע עֵץ בַּיַּעַר. ______________
3. נָתַתִּי לָהּ אֶת הַמַּחְבֶּרֶת. ______________
4. הַכֶּלֶב נוֹשֵׁךְ אֶת הָאִישׁ. ______________
5. נָעַלְנוּ מַגָּפַיִם חַמִּים. ______________

ז. חַלֵּק לַהֲבָרוֹת, וְצַיֵּן אִם הֵן פְּתוּחוֹת אוֹ סְגוּרוֹת:

1. הֵם שָׁרִים שִׁיר חָדָשׁ. ______________
2. זֶה סֵפֶר חָשׁוּב. ______________
3. תֵּן לִי כּוֹס קָפֶה עִם חָלָב. ______________
4. יֵשׁ לָכֶם בָּנוֹת יָפוֹת. ______________

א. בְּחַר פְּעָלִים מֵהַשּׁוּלַיִם, וְהַשְׁלֵם אֶת מִשְׁפְּטֵי הַתְּנַאי:

1. אִם שַׂר הַבִּטָּחוֹן יְבַקֵּר בְּאַפְרִיקָה, הוּא וַדַּאי ____________ (פתח)
עַל הֶסְכֵּמִים עִם כַּמָּה מְדִינוֹת.

2. אִם תִּהְיֶה הִתְקָרְבוּת בֵּין יִשְׂרָאֵל וְאַרְצוֹת אַפְרִיקָה, יִשְׂרָאֵל (יכל)
____________ שַׁגְרִירֻיּוֹת בִּבְירוֹת אַפְרִיקָה.

3. אִם יְחֻדְּשׁוּ הַיְּחָסִים עִם אַפְרִיקָה, זֶה ____________ (חתם)
צַעַד חָשׁוּב בְּדַרְכֵּנוּ חֲזָרָה לַיַּבֶּשֶׁת הַשְּׁחוֹרָה.

4. אִם מְדִינוֹת אַפְרִיקָה יְחַדְּשׁוּ אֶת הַיְּחָסִים עִם יִשְׂרָאֵל, (היה)
יִשְׂרָאֵל ____________ לַעֲזֹר לָהֶן בִּשְׁטָחִים שׁוֹנִים.

ב. שַׁנֵּה אֶת הַמִּשְׁפָּט הַשֵּׁנִי, וְאַחַר כָּךְ חַבֵּר לְמִשְׁפָּט מֻרְכָּב:

1. *הַשִּׁיר "לְבַדִּי"* מְדַבֵּר עַל הַיְּהוּדִים וְהַשְּׁכִינָה. קָרָאנוּ אַרְבָּעָה בָּתִּים *מֵהַשִּׁיר*.

____

2. הַגּוֹזָל רָאָה מֵרָחוֹק אֶת *הָאוֹר*. הַיְּהוּדִים נִסְחֲפוּ *אֶל הָאוֹר*.

____

3. *הַכָּנָף* שְׁבוּרָה. הַשְּׁכִינָה הִרְעִידָה *אֶת הַכָּנָף*.

____

4. *הָרוּחַ* מְסַמֶּלֶת אֶת רַעְיוֹנוֹת אֵירוֹפָּה הַנְּאוֹרִים. הַיְּהוּדִים נִשְּׂאוּ *עַל יְדֵי הָרוּחַ*.

____

5. *הַכְּאֵב הַגָּדוֹל* הוּא הִתְפּוֹרְרוּת הַיַּהֲדוּת. כְּנַף הַשְּׁכִינָה נִשְׁבְּרָה *בִּגְלַל הַכְּאֵב*

____

שֵׁם: ____________

ג. בְּחַר בְּשָׁרָשִׁים מֵהַשּׁוּלַיִם, וְהַשְׁלֵם אֶת הַמִּשְׁפָּטִים הַבָּאִים בְּ הִפְעִיל:

1. הָרוּחַ וְהָאוֹר סוֹחֲפִים אֶת הַיְּהוּדִים וְשִׁירָה חֲדָשָׁה ________ אֶת חַיֵּיהֶם. (חלט)
2. אִם הַגּוֹזָל יִשָּׁאֵר עִם הַשְּׁכִינָה, הִיא ________ עַל רֹאשׁוֹ אֶת כְּנָפָהּ הַשְּׁבוּרָה. (בטח)
3. הַשְּׁכִינָה לֹא הִצְטָרְכָה ________ לַגּוֹזָל אֶת רִגְשׁוֹתֶיהָ; הוּא יָדַע אֶת לִבָּהּ. (אמן)
4. תְּנוּעַת הַהַשְׂכָּלָה רָצְתָה ________ לַיְּהוּדִים חַיִּים טוֹבִים בֵּין הַגּוֹיִם. (רנן)
5. הַמַּשְׂכִּילִים ________ שֶׁחִנּוּךְ חִלּוֹנִי יְקָרֵב אֶת הַיְּהוּדִים אֶל שְׁכֵנֵיהֶם. (סבר)
6. אִם הַגּוֹיִים יְקַבְּלוּ אֶת הַיְּהוּדִים כְּשָׁוִים, אוּלַי הַיְּהוּדִים ________ לַעֲזֹב אֶת הַיַּהֲדוּת. (רעד)

ד. מַלֵּא אֶת הֶחָסֵר בַּטַּבְלָה (יוֹתֵר מֵאֶפְשָׁרוּת אַחַת קַיֶּמֶת לְגַבֵּי כַּמָּה מֵהַצּוּרוֹת):

בנין	שרש	זמן	גוף	שם-פעל	צורה
					נִסְחַף
					נִשְׁכָּח
					נֵדַע
					נִשָּׂא
					נִסַּע
					נוֹלֶדֶת
					נוֹתֶנֶת
					יִבָּנוּ

ה. מְחַק אֶת הַמִּלָּה הַבִּלְתִּי מַתְאִימָה:

1. הַמַּשְׂכִּילִים הָרִאשׁוֹנִים לָמְדוּ אֶת תַּרְבּוּת אֵירוֹפָּה (לְבַדָּם/בְּעַצְמָם)
2. אַחֲרֵי מוֹת הוֹרָיו, נִשְׁאַר הַיָּתוֹם (לְבַדּוֹ/בְּעַצְמוֹ).
3. הָאַלְמָנָה פִּרְנְסָה אֶת יְלָדֶיהָ (לְבַדָּהּ/בְּעַצְמָהּ).
4. קִרְאוּ אֶת יֶתֶר הַשִּׁיר (לְבַדְּכֶם/בְּעַצְמְכֶם).

ו. כְּתֹב בְּעִבְרִית מוֹדֶרְנִית:

1. וַתֵּרֶא אֶת צַעֲרִי. ______________
2. וַנִּפֶן מִן הַדֶּרֶךְ הַיְשָׁרָה. ______________
3. וַתִּתְכַּס הַשְּׁכֵנָה בַּצֵּל. ______________
4. וָאֱהִי עִמָּהּ בַּצָּרָה. ______________

ז. כְּתֹב בְּמִלִּים אֶת הַמִּסְפָּרִים בְּסֹגְרַיִם:

1. בְּ-(3) ______________ יְמֵי הֶחָג, לֹא עָבַדְנוּ.
2. עָנִינוּ עַל (2) ______________ מִתּוֹךְ (4) ______________ הַשְּׁאֵלוֹת.
3. מָצָאנוּ (3) ______________ סְמִיכוּיוֹת בּ-(7) ______________ הַשּׁוּרוֹת הָאַחֲרוֹנוֹת.
4. (2) ______________ הַגְּבָרִים שָׁכְבוּ: אֶחָד עַל הַמִּטָּה, וְאֶחָד תַּחַת הַמִּטָּה.

ח. הֲפֹךְ לְצִוּוּי בִּשְׁלִילָה:

1. כְּתֹב בִּמְהִירוּת! ______________
2. לְמַד בִּשְׁכִיבָה! ______________
3. צְאִי בַּדֶּלֶת הָאֲחוֹרִית! ______________
4. הִכָּנְסִי לַמִּסְעָדָה הַזֹּאת! ______________
5. נִפְלוּ מֵהַכִּסֵּא! ______________
6. הַחֲלִיטוּ בְּרֶגַע זֶה! ______________

א. כְּתֹב בְּעִבְרִית מוֹדֶרְנִית:

1. <u>וַיַּרְא</u> הַגּוֹזָל אֶת הָאוֹר. ____________
2. <u>וַנִּבֶךְ</u> כֻּלָּנוּ חֶרֶשׁ. ____________
3. <u>וַתְּהִי</u> הַפִּנָּה שׁוֹמֵמָה. ____________

ב. כְּתֹב מֵחָדָשׁ עִם צוּרוֹת שֶׁל יָכוֹל כְּפֹעַל עֵזֶר:

1. לֹא שָׁמַעְנוּ אֶת אַנְחוֹתָיו. ____________
2. שַׁבְתֶּם לְבֵית הַמִּדְרָשׁ. ____________
3. הֵם יֵצְאוּ מֵהַבַּיִת הַשְׁכֵּם בַּבֹּקֶר. ____________
4. נָפַלְתְּ מֵהַכִּסֵּא! ____________
5. לֹא נִכְנַסְתִּי דֶּרֶךְ הַשַּׁעַר. ____________
6. מְבֻקָּשׁוֹ לֹא נִתַּן לוֹ. ____________
7. הָאֱמֶת תִּוָּדַע! ____________
8. שִׁירָה יָפָה מַרְנִינָה אֶת הַלֵּב. ____________

ג. כְּתֹב מֵחָדָשׁ, בְּעֶזְרַת הַמָּקוֹר:

1. הוּא הֵבִין אֶת רִגְשׁוֹתֶיהָ, *כְּשֶׁהִיא הִרְעִידָה* עָלָיו אֶת כְּנָפֶהָ.

____

2. *כְּשֶׁלְּבָבוֹ כָּלָה* לָאוֹר, הִיא הֵבִינָה אֶת רִגְשׁוֹתָיו.

____

3. *כְּשֶׁכֻּלָּם בָּרְחוּ*, נוֹתַרְתִּי לְבַדִּי.

____

ד. הַשְׁלֵם אֶת הַטַּבְלָה:

שרש	זמן	גוף	צורה ב פעל	צורה ב נפעל	צורה ב הפעיל
סער	הווה	יחידה			
אמן	הווה	יחידה			
שמע	הווה	יחידה			
קנה	צווי	אתה			
חלה	צווי	אתה			

ה. כְּתֹב בְּמִלִּים אֶת הַמִּסְפָּרִים בְּסֻגְרַיִם:

1. הַחֹדֶשׁ ה-(4) ________ בַּשָּׁנָה הָעִבְרִית נִקְרָא טֵבֵת.
2. (5) ________ הַתַּרְגִּילִים ה-(1) ________ קָשִׁים יוֹתֵר מֵהַתַּרְגִּיל הַ(6) ________.
3. יֵשׁ לָהֶם (3) ________ בָּנוֹת נֶחְמָדוֹת, ו-(3) ________הַבָּנוֹת לוֹמְדוֹת:
הַבַּת ה-(1) ________ וְהַבַּת הַ-(2) ________ לוֹמְדוֹת
בָּאוּנִיבֶרְסִיטָה; וְהַבַּת הַ-(3) ________ עוֹד בְּבֵית סֵפֶר תִּיכוֹן.
4. (2) ________ הַזְּקֵנִים הַחֲכָמִים אָמְרוּ: אִם שׁוֹמְרִים עַל בְּרִיאוּת טוֹבָה בְּמֶשֶׁךְ
(75) ________ ________ הַשָּׁנִים הָרִאשׁוֹנוֹת, אֶפְשָׁר לְהַגִּיעַ
לְשֵׂיבָה טוֹבָה.

ו. הַשְׁלֵם אֶת הַנִּקּוּד הֶחָסֵר:

השִׁיר הרִאשׁוֹן, כְּמוֹ השִׁירִים האֲחֵרִים, בִּטֵא רְגָשׁוֹת עֲמֻקִּים וחֲזָקִים, שֶׁמָּצְאוּ הֵד בלֵב רַבִּים מיהוּדֵי הגוֹלָה. בְּיָאלִיק שָׁר אֶת שִׂמְחוֹתָיו הדַּלּוֹת שֶׁל עַמּוֹ, בָּכָה עַל גוֹרָלוֹ העָצוּב, וקָרָא לוֹ לְהִתְחַזֵּק ולְהִלָּחֵם עַל שֶׁלּוֹ. שִׁירָתוֹ הִשְׁפִּיעָה עַל קוֹרְאָיו הרַבִּים שֶׁזִּכּוּ אוֹתוֹ בתֹאַר "המְשׁוֹרֵר הלְאֻמִּי".

ז. בְּחַר בְּשָׁרָשִׁים מַתְאִימִים מֵהַשּׁוּלַיִם, וְהַשְׁלֵם אֶת הַמִּשְׁפָּטִים בְּ נִפְעַל:

1. עַכְשָׁו אֲנִי ________ שֶׁכָּל מַה שֶּׁהוּא אָמַר הָיָה נָכוֹן. (יסד)
2. הוּא לֹא יָכֹל ________ בְּ-1950; הוּא רַק בֶּן 20! (ידע)
3. הָאוּנִיבֶרְסִיטָה הָעִבְרִית בִּירוּשָׁלַיִם ________ בְּ-1925. (ילד)
4. לֹא סִפַּרְתִּי לָכֶם, כִּי חָשַׁבְתִּי שֶׁזֶּה ________ לָכֶם מֵהָעִתּוֹנוּת. (יתר)
5. נִגְמֹר לִקְרֹא הַכֹּל הַשָּׁבוּעַ; הַדָּבָר הַיְּחִידִי שֶׁ________ לַשָּׁבוּעַ הַבָּא יִהְיֶה הַפֶּרֶק הָאַחֲרוֹן בַּסֵּפֶר. (יכח)

ח. כְּתֹב בְּ-3-6 מִשְׁפָּטִים עַל דְּמוּת הַשְּׁכֵנָה בַּשִּׁיר "לְבַדִּי".

____

____

____

____

____

____

____

שֵׁם: ___________

א. הַשְׁלֵם בְּעֶזְרַת שֵׁם הַפְּעוּלָּה:

1. ב, ___________ הַשִּׁיר "לְבַדִּי" עָלָיו; אֲבָל בַּסּוֹף, הוּא מָלֵא יֵאוּשׁ.
2. הוּא עָסוּק עַכְשָׁו ב ___________ לַנְּסִיעָה מָחָר.
3. כֵּן, קִבַּלְתִּי ___________ לַמְּסִבָּה, אֲבָל לֹא יָכֹלְתִּי לָבוֹא.
4. הַשְּׁכִינָה בּוֹכָה; וּבַ___________ שֶׁלָּהּ אֶפְשָׁר לִשְׁמֹעַ בַּקָּשָׁה וּתְפִלָּה.

ב. כְּתֹב בְּרַבִּים:

מְדוֹר מוֹדָעוֹת בְּעִתּוֹן מְקוֹמִי מְפַרְסֵם מוֹדָעַת שִׁדּוּכִים, הַמְּסַפֶּרֶת עַל בַּת עִיר מַשְׂכִּילָה, הַמְּחַפֶּשֶׂת בֶּן זוּג מַתְאִים. בָּחוּר מְתָאֵר אֶת עַצְמוֹ כְּעָשִׁיר, בַּעַל מְכוֹנִיּוֹת וּבֵית קַיִץ.

____

____

____

____

ג. הַשְׁלֵם אֶת הַטַּבְלָה:

בנין	שרש	זמן	גוף	צורה	שם פעל
הפעיל	תחל	הווה	רבים		
הפעיל	עבד	עבר	הוא		
הפעיל	אכל	עתיד	אני		
נפעל	אכל	עבר	היא		
נפעל	נשׂא	הווה	יחיד		

ד. מְחַק אֶת הַמִּלָּה הַבִּלְתִּי מַתְאִימָה:

1. לֹא טוֹב לָאָדָם לִהְיוֹת (לְבַדּוֹ/בְּעַצְמוֹ).
2. אֲנִי פּוֹחֵד לָלֶכֶת (לְבַדִּי/בְּעַצְמִי) בְּסִמְטָה חֲשׁוּכָה.
3. אֲנָשִׁים צְרִיכִים לִלְמֹד לְהִתְפַּרְנֵס (לְבַדָּם/בְּעַצְמָם).
4. חָזַרְתִּי, כִּי לֹא רָצִיתִי לְהַשְׁאִיר אוֹתְךָ (לְבַדְּךָ/בְּעַצְמְךָ).
5. הוּא עָזַר לָהּ, כִּי הִיא לֹא הִצְלִיחָה לַעֲשׂוֹת אֶת הַכֹּל (לְבַדָּהּ/בְּעַצְמָהּ).

ה. בְּחַר בְּשָׁרָשִׁים מֵהַשּׁוּלַיִם, וְהַשְׁלֵם בְּ הִפְעִיל:

1. הוּא הִבְטִיחַ ___________ לָנוּ מַזְכָּרוֹת מִיִּשְׂרָאֵל. (כון)
2. מִי ___________ אֶת הַשִּׁעוּרִים לְהַיּוֹם? (שוב)
3. דָּוִד, ___________ אֶת הַסְּפָרִים לַסִּפְרִיָּה! (בוא)

ו. בְּחַר בְּזוּג פְּעָלִים מֵהַשּׁוּלַיִם, וְהַשְׁלֵם אֶת הַמִּשְׁפָּטִים:

1. אִלּוּ הַדִּמְעָה ___________ עַל הַגּוֹזָל, הוּא ___________ ___________, (לִשְׁאֹל, לַעֲנוֹת)
וְלֹא שׁוֹמֵעַ אוֹתָהּ.
2. לוּ הַגּוֹזָל ___________, הוּא לֹא ___________ ___________ (לְסַפֵּר, להאמין)
"סִיּוּם" שֶׁל קִינָה.
3. לוּלֵא הַיְּהוּדִים ___________ אֶת הַשְּׁכִינָה, הִיא ___________ (לִנְשֹׁר, להרגיש)
___________ אֶת חַיֵּיהֶם בְּשִׁירָה עַתִּיקָה.
4. לוּלֵא הוּא ___________ לִי בְּעַצְמוֹ, לֹא ___________ ___________ (לִלְמֹד, להצטרך)
מַאֲמִין!
5. לוּלֵא ___________ אוֹתוֹ בְּנִמּוּס, הוּא לֹא ___________ ___________ (לְהִשָּׁאֵר, לִשְׁמֹעַ)
לִי.
6. אִלּוּ (אֲנַחְנוּ) ___________ מְעַט כָּל יוֹם, לֹא ___________ (לַעֲזֹב, להרנין)
___________ לַחֲרֹד לִפְנֵי בְּחִינוֹת.

ז. כְּתֹב בְּמִלִּים אֶת הַמִּסְפָּרִים בְּסֻגְרַיִם:

1. בַּבַּיִת ה-(1) __________ נִשְׁמַעַת שִׁירָה חֲדָשָׁה; בַּבַּיִת הַ-(6) __________ -- קִינָה עַתִּיקָה.

2. בְּ-(3) __________ הַבָּתִּים ה-(1) __________, הַגּוֹזָל מִזְדַּהֶה עִם הַשְּׁכִינָה; אֲבָל בַּבַּיִת הַ-(4) __________ חָל מִפְנֶה.

3. (3) __________ הַמִּלִּים ה-(1) __________ בַּבַּיִת הַ-(2) __________ זֵהוֹת לַמִּלִּים בְּסוֹף הַבַּיִת הַ-(5) __________.

ח. חַלֵּק לַהֲבָרוֹת, צַיֵּן טַעַם וְנַקֵּד:

1. זוית היא מפגש בין שני קירות.

____

2. שלום רב, חבר יקר.

____

3. מה עושה ילד שובב?

____

4. איך בונים בית?

____

ט. חִבּוּר(3-6 מִשְׁפָּטִים). הַשְׁוֵה אֶת הַבַּיִת הָרִאשׁוֹן לַבַּיִת הָאַחֲרוֹן בַּשִּׁיר "לְבַדִּי".

____

____

____

____

____

____

ב. סַמֵּן בְּעִגּוּל אֶת הַבִּטּוּי הַיּוֹצֵא דֹּפֶן, וְהַסְבֵּר מַדּוּעַ:

1. מִישֶׁהוּ, אָדָם אֶחָד, פְּלוֹנִי, יוֹסֵף ____________
2. לָכֵן, לְפִיכָךְ, לַמְרוֹת זֹאת, בִּגְלַל זֶה ____________
3. חֲכָמִים, תַּלְמוּד, יְשִׁיבָה, כִּסֵּא ____________
4. תַּשְׁלוּם, נֶזֶם, מְחִיר, שָׂכָר ____________
5. שַׁבָּת, רֹאשׁ חֹדֶשׁ, רֹאשׁ הַשָּׁנָה, יוֹם כִּפּוּר ____________
6. צִפּוֹר, יֶלֶד, גּוֹזָל, עֵגֶל ____________
7. שְׂחוֹק, דְּבָרִים בְּטֵלִים, מְנוּחָה, רְכִילוּת ____________

ג. כְּתֹב בְּמִשְׁפָּט אֶחָד:

1. הַשְּׁכִינָה שָׁרְתָה עַל *הַבַּיִת*. אִשָּׁה יְהוּדִיָּה גָּרָה *בַּבַּיִת*

____

2. מֹשֶׁה רַבֵּינוּ חָזַר אֶל *הַבַּיִת*. הַשְּׁכִינָה נִסְתַּלְּקָה *מֵהַבַּיִת*

____

3. *הַנָּשִׁים* עָסְקוּ בִּרְכִילוּת. הָאִשָּׁה הַטּוֹוָה יָשְׁבָה *עִם הַנָּשִׁים*

____

4. *הַנּוֹשֵׂא* הוּא הִמָּנְעוּת מִלַּעֲסֹק בִּדְבָרִים בְּטֵלִים. עַגְנוֹן כּוֹתֵב *עַל הַנּוֹשֵׂא* בְּסִפּוּרוֹ.

____

ד. מְחַק אֶת הַמִּלָּה הַלֹּא נְכוֹנָה:

1. הָאִשָּׁה חֲרֵדָה, (כְּמוֹ שֶׁ-/כְּאִלּוּ) הִיא שָׁמְעָה פְּסִיעוֹת בַּגַּן.
2. הִיא מִתְרַגֶּשֶׁת, (כְּמוֹ שֶׁ-/כְּאִלּוּ) כָּל אוֹהֵב מִתְרַגֵּשׁ לִפְנֵי פְּגִישַׁת אוֹהֲבִים.
3. הָעוֹלָם שָׁקֵט, (כמו ש-/כאילו) הַכֹּל יָשֵׁן בּוֹ.
4. הָאִשָּׁה מְדַבֶּרֶת, (כמו ש-/כאילו) רַק הִיא עֵרָה.
5. הִיא נִמְצֵאת בַּגַּן לְבַדָּהּ, (כמו ש-/כאילו) כָּתוּב בַּשִּׁיר.

ה. הֲפֹךְ מִפָּעִיל לְסָבִיל:

1. הַמְּבַשֶּׁלֶת הִכְנִיסָה בָּשָׂר לַתַּנּוּר. ______________
2. הַמּוֹרֶה מַבְטִיחַ לָנוּ חֻפְשָׁה. ______________
3. הַשֶּׁמֶשׁ תַּאֲדִים אֶת הַתַּפּוּחַ. ______________
4. הֵם הֶחְבִּיאוּ אוֹתָנוּ תַּחַת הַמִּטָּה. ______________
5. מָחָר נַסִּיעַ אוֹתְךָ לְטִיּוּל. ______________
6. הֶחָתוּל מַפִּיל אֶת כּוֹס הֶחָלָב. ______________
7. הִנְעַמְתְּ לָנוּ אֶת הָעֶרֶב בְּשִׁירָה. ______________

ו. הֲפֹךְ מֵחִיּוּב לִשְׁלִילָה:

1. הֵרָדֵם בִּזְמַן הַהַרְצָאָה! ______________
2. הִנָּשְׂאוּ בָּרוּחַ! ______________
3. הִוָּתְרִי אַחֲרוֹנָה! ______________
4. הִכָּנְסִי לְצָרוֹת! ______________
5. הַגַּע מְאֻחָר! ______________
6. הַפְסֵק לִלְמֹד! ______________

ז. חַלֵּק לַהֲבָרוֹת, צַיֵּן אֶת הַטַּעַם וְנַקֵּד:

1. קולות חלשים נשמעים מסביב לבית.

____

2. אין איש בגן. זאת רק הרוח, שמניעה את העלים.

____

ח. חִבּוּר (5-10 מִשְׁפָּטִים). מַה חֲשִׁיבוּת הַגַּן בַּשִּׁיר "לְבַדִּי"? מַה הוּא מְסַמֵּל, לְדַעְתְּךָ, וּמַדּוּעַ?

____

____

____

____

____

____

____

____

____

____

____

____

____

____

עַכְשָׁו בְּדֹק אֶת הַחִבּוּר, וֶהֱיֵה בָּטוּחַ שֶׁהַדִּקְדּוּק נָכוֹן: הַאִם יֵשׁ הַתְאָמָה בֵּין שֵׁמוֹת וּתְאָרִים? הַאִם בָּחַרְתָּ בַּזְּמַנִּים הַנְּכוֹנִים? וְכוּ'.

א. סַמֵּן בְּעִגּוּל אֶת הַמִּלָּה הַיּוֹצֵאת דֹּפֶן, וְהַסְבֵּר מַדּוּעַ:

1. יָשֵׁן, נָם, עֵר, נִרְדָּם ______________
2. פָּז, זָהָב, אוֹר, מַרְגָּלִית ______________
3. חֶדֶר, גַּן, חָצֵר, יַעַר ______________
4. נָע מְפַרְכֵּס, מִזְדַּעְזֵעַ, נָם ______________
5. נוֹזֵל, מְטַפְטֵף, מְפַרְכֵּס, נוֹטֵף ______________

ב. כְּתֹב בְּדִבּוּר עָקִיף:

1. הָאִשָּׁה אָמְרָה: "יֵשׁ לִי גַּן."

____

2. הָאִשָּׁה שׁוֹאֶלֶת: "מִי פִּרְכֵּס בַּגַּן?"

____

3. הָאִשָּׁה שָׁאֲלָה: "מִישֶׁהוּ מִתְקָרֵב?"

____

4. הָאִשָּׁה אָמְרָה לְמַחֲמַדָּהּ: "אַל תְּאַחֵר לָבוֹא!"

____

ג. מְחַק אֶת הַמִּלָּה הַלֹּא נְכוֹנָה:

1. לְעוֹלָם אַל תְּדַבֵּר (כְּמוֹ שֶׁ-/כְּאִלּוּ) אַתָּה יוֹדֵעַ הַכֹּל.
2. מֵעוֹלָם לֹא דִּבַּרְתָּ שְׁטֻיּוֹת (כְּמוֹ שֶׁ-כְּאִלּוּ) דִּבַּרְתָּ הָעֶרֶב.
3. בְּיִשְׂרָאֵל לֹא מְשַׂחֲקִים כַּדּוּרֶגֶל (כְּמוֹ שֶׁ/כאילו) מְשַׂחֲקִים בַּאֲמֶרִיקָה.
4. הָאִשָּׁה מְדַבֶּרֶת אֶל אֲהוּבָהּ (כמו ש-/כאילו) הוּא נִמְצָא אִתָּהּ.

שֵׁם: ______________

ד. כְּתֹב מֵחָדָשׁ בְּאֶמְצָעוּת בֵּנוֹנִיִּים סְתָמִיִּים (מִי שֶׁ-/מָה שֶּׁ-):

1. *הָאָדָם*, שֶׁכָּתַב אֶת הַשִּׁיר, הִכִּיר הֵיטֵב אֶת "שִׁיר הַשִּׁירִים".

____

2. הִיא תִּשְׂמַח לָתֵת לוֹ *כָּל דָּבָר*, שֶׁהוּא יְבַקֵּשׁ.

____

ה. הַשְׁלֵם אֶת מִשְׁפְּטֵי הַתְּנַאי כִּרְצוֹנְךָ:

1. לוּלֵא הֻשְׁווּ הַנָּשִׁים לְחוֹחִים, ______________________________

2. אִם הַגֶּשֶׁם יַחֲלֹף, ______________________________

3. לוּ הַזָּמִיר שָׁר בְּיִשְׂרָאֵל בַּחֹרֶף, ______________________________

4. לוּלֵא קָרָאנוּ מְעַט מִ"שִּׁיר הַשִּׁירִים", ______________________________

ו. הַשְׁלֵם אֶת הַטַּבְלָה:

שרש	זמן	גוף	צורה ב פָּעל	צורה ב נפעל	צורה ב הפעיל	צורה ב הפעל
ערך	צווי	אתה				
פנה	עבר	היא				
מצא	הווה	יחידה				
נגע	עתיד	הוא				
ידע	הווה	הם				

ז. כְּתֹב בְּעִבְרִית מוֹדֶרְנִית:

1. וָאֵשְׁתְּ מִכַּדָּהּ. ______________________

2. וָאֱהִי עִמּוֹ. ______________________

3. וַיַּעַן דוֹדִי. ______________________

ח. חַלֵּק לַהֲבָרוֹת, צַיֵּן אֶת הַטַּעַם וְנַקֵּד:

1. דומה דודי לצבי.

____

2. את יפה כשושנה.

____

ט. חִבּוּר. הָאִשָּׁה בְּ"יֵשׁ לִי גַּן" מְחַכָּה לַאֲהוּבָהּ, שֶׁיָּבוֹא לִשְׁתּוֹת מִמֵּי הַבְּאֵר (אַהֲבָתָהּ). לְאָן מַזְמִין הַגֶּבֶר אֶת אֲהוּבָתוֹ בְּ"שִׁיר הַשִּׁירִים"? מַהוּ גַּנּוֹ, וּמַה יֵּשׁ בּוֹ?

____

____

____

____

____

____

____

____

____

____

____

____

קְרָא אֶת הַחִבּוּר מֵחָדָשׁ, וְוַדֵּא שֶׁאֵין בּוֹ שְׁגִיאוֹת.

א. הַשְׁלֵם בְּעֶזְרַת צורות שֶׁל אוֹתוֹ וְשֵׁם עֶצֶם:

1. בְּכָל שִׁירֵי הָאַהֲבָה, אֶפְשָׁר לִמְצֹא כִּמְעַט ________ ________ לָאִשָּׁה הַנֶּאֱהֶבֶת.

2. הַמִּלִּים "חֲבַצֶּלֶת" וְ"שׁוֹשַׁנָּה" מוֹפִיעוֹת בְּ________ ________ בְּ"שִׁיר הַשִּׁירִים".

3. בְּיָאלִיק וְעַגְנוֹן הָיוּ כִּמְעַט בְּנֵי ________ ________.

4. אֲנַחְנוּ גָּרִים בְּבִנְיָן אֶחָד, אֲבָל לֹא בְּ________ ________.

ב. כְּתֹב בְּמִלִּים אֶת הַמִּסְפָּרִים בְּסֹגְרַיִם:

1. הַתַּנַ"ךְ כּוֹלֵל (24) ________ ________ סְפָרִים; (5) ________ הַסְּפָרִים הָרִאשׁוֹנִים מְהַוִּים אֶת הַחֻמָּשׁ.

2. (3) ________ מ-(5) ________ הַשִּׁירִים, שֶׁלָּמַדְנוּ הַשָּׁנָה, הֵם מֵאֵת בְּיָאלִיק. הַשִּׁיר ה-(4) ________ וְה-(5) ________ נִכְתְּבוּ עַל יְדֵי אֲחֵרִים.

ג. כְּתֹב מֵחָדָשׁ בְּעֶזְרַת צורות שֶׁל בֵּן אוֹ בַּת:

1. הָאִשָּׁה בְּ"שִׁיר הַשִּׁירִים" יָפָה יוֹתֵר מִכָּל *הַנָּשִׁים שֶׁחַיּוֹת בִּירוּשָׁלַיִם*

____

2. "שִׁיר הַשִּׁירִים" הוּא סֵפֶר, *שֶׁיֵּשׁ בּוֹ 8 פְּרָקִים*

____

3. *הָאֲנָשִׁים שֶׁשַּׁיָּכִים לְ(עַם) יִשְׂרָאֵל* נִקְרָאִים יְהוּדִים.

____

ד. הַשְׁלֵם בְּעֶזְרַת *בִּגְלַל, לַמְרוֹת, מִפְּנֵי שֶׁ-* אוֹ *לַמְרוֹת שֶׁ-*:

1. הַגֶּבֶר אוֹהֵב אֶת הָאִשָּׁה ________ יָפְיָהּ.

2. הָאִשָּׁה מְדַמָּה אֶת אֲהוּבָהּ לִצְבִי, ________ הוּא אָצִילִי.

3. לֵב הַבַּחוּרָה עֵר, ________ הִיא עַצְמָהּ יְשֵׁנָה.

ה. הֲפֹךְ מִסָּבִיל לְפָעִיל:

1. הָעֲבוֹדָה הוּכְנָה עַל יָדֵינוּ.

____

2. הַמִּפְלָגָה הוּקְמָה עַל יְדֵי פּוֹעֲלִים.

____

3. הָאִישׁ מוּשָׁב עַל יָדֶיהָ בִּמְקוֹם כָּבוֹד.

____

4. הָעִנְיָן מוּבָן לָכֶם?

____

5. תּוּלְכוּ עַל יָדֶיהָ לַסִּפְרִיָּה.

____

6. תּוּשְׁבוּ לְיִשְׂרָאֵל עַל יְדֵי אֱלֹהִים.

____

ו. חַלֵּק לַהֲבָרוֹת, צַיֵּן טַעַם וְנַקֵּד:

השיר מלא ברוח נעורים ובשׂמחת חיים.

____

ז. חִבּוּר. בַּמֶּה דּוֹמֶה הַגַּן הַנָּעוּל/הַמַּעְיָן הֶחָתוּם לַבְּאֵר בְּשִׁירוֹ שֶׁל בְּיָאלִיק?

____

____

____

____

____

קְרָא אֶת הַחִבּוּר מֵחָדָשׁ, וַדֵּא שֶׁאֵין בּוֹ שְׁגִיאוֹת.

שעור ל"ו

א. הִשְׁתַּמֵּשׁ בְּצוּרוֹת שֶׁל יָכוֹל כְּפֹעַל עֵזֶר:

1. הִיא אוֹמֶרֶת דִּבְרֵי שִׁיר. ______________________________
2. הָעֵץ לֹא נִרְדַּם. ______________________________
3. הוֹכַחְתֶּם שֶׁהַפְּגִישָׁה נֶעֶרְכָה בַּלַּיְלָה. ______________________________
4. אֲנִי אַרְאֶה שֶׁהַשִּׁיר שָׁאוּב מִ"שִּׁיר הַשִּׁירִים"? ______________________________

ב. מְחַק אֶת הַמִּלָּה הַבִּלְתִּי מַתְאִימָה:

1. בְּ"יֵשׁ לִי גַּן", הָאִשָּׁה נִמְצֵאת (לְבַדָּהּ/בְּעַצְמָהּ) בְּגַנָּהּ.
2. בְּעֵינֵי הַגֶּבֶר בְּ"שִׁיר הַשִּׁירִים", רַעְיָתוֹ (לְבַדָּהּ/בְּעַצְמָהּ) יָפָה וַעֲדִינָה.
3. הִיא (לְבַדָּהּ/בְּעַצְמָהּ) אוֹמֶרֶת שֶׁהִיא דּוֹמָה לַחֲבַצֶּלֶת וּלְשׁוֹשַׁנָּה.

ג. כְּתֹב בִּשְׁתֵּי מִלִּים:

1. אֲהֵבִינִי ____________________
2. נַשְּׁקֵיהוּ ____________________
3. שָׁאֵנוּ ____________________

ד. מְחַק אֶת הַמִּלָּה הַבִּלְתִּי מַתְאִימָה:

1. הַגֶּבֶר רָץ אֶל אֲהוּבָתוֹ, (כְּמוֹ שֶׁ/כְּאִלּוּ) הַצְּבִי מְדַלֵּג עַל הֶהָרִים.
2. הַגֶּבֶר מְדַבֵּר עַל אֶרֶץ יִשְׂרָאֵל, (כמו ש/כאלו) הִיא גַּן פּוֹרֵחַ.
3. דִּמּוּיֵי הָאִשָּׁה קְשׁוּרִים בַּשְּׁפֵלָה וּבָעֲמָקִים, (כמו ש/כאלו) דִּמּוּיֵי הַגֶּבֶר קְשׁוּרִים בֶּהָרִים וּבַגְּבָעוֹת.
4. דּוֹדֶיהָ שֶׁל הָאִשָּׁה טוֹבִים (כמו ש-/כאלו) פִּרְיוֹ שֶׁל הַגֶּבֶר-תַּפּוּחַ מָתוֹק.

ה. סַמֵּן בְּעִגּוּל אֶת הַמִּלָּה הַיּוֹצֵאת דֹּפֶן, וְהַסְבֵּר מַדּוּעַ:

1. עֹפֶר, גּוֹזָל, יוֹנָה, תּוֹר ______________
2. רַעְיָתִי, כַּלָּתִי, מַחֲמַדִּי, אָחִי ______________
3. יַיִן, בֹּשֶׂם, דְּבַשׁ, חָלָב ______________
4. גַּן, מַעְיָן, בְּאֵר, נַחַל ______________
5. פֶּרַח, שׁוֹשָׁנָה, חוֹחַ, חֲבַצֶּלֶת ______________

שֵׁם: ____________________

א. הַשְׁלֵם אֶת הַטַּבְלָה:

בנין	שרש	זמן	גוף	צורה	שם פועל
פָּעל	רגש	עבר	הוא		
נפעל	רגש	עבר	הוא		
הפעיל	רגש	עבר	הוא		
הֻפְעַל	רגש	עבר	הוא		----
פָּעל	עמד	עבר	הם		
נפעל	עמד	עבר	הם		
הפעיל	עמד	עבר	הם		
הֻפְעַל	עמד	עבר	הם		----
פָּעַל	קנה	עבר	היא		
נפעל	קנה	עבר	היא		
הפעיל	קנה	עבר	היא		
הֻפְעַל	קנה	עבר	היא		----

ב. סַמֵּן בְּעִגּוּל אֶת הַמִּלָּה הַיּוֹצֵאת דֹּפֶן, וְהַסְבֵּר מַדּוּעַ:

1. טֶבַע, יַעַר, אֹפִי, אִישִׁיּוּת ____________________
2. חַלּוֹן, מִרְפֶּסֶת, חָצֵר, גִּנָּה ____________________
3. צַעַד, פְּסִיעָה, הֲלִיכָה, רֶגֶל ____________________
4. מַדְרֵגָה, גִּבְעָה, מַעֲלִית, סֻלָּם ____________________
5. קָצָר, מְקֻמָּט, מְלֻכְלָךְ, קָרוּעַ ____________________
6. מְזָוְדָה, אָרוֹן, כִּיס, סַנָּר ____________________
7. רָזֶה, שָׁמֵן, כָּבֵד, גָּדוֹל ____________________

ג. כְּתֹב מֵחָדָשׁ בְּדִבּוּר עָקִיף:

1. הַגֶּבֶר אָמַר לָאִשָּׁה: "אַתְּ יָפָה כְּשׁוֹשַׁנָּה".

____

2. הָאִשָּׁה שׁוֹאֶלֶת: "יֵשׁ עֵץ טוֹב יוֹתֵר מֵעֵץ הַתַּפּוּחַ?"

____

3. הַגֶּבֶר אוֹמֵר לָאִשָּׁה: "קוּמִי וּלְכִי לְטַיֵּל בָּאָרֶץ!"

____

ד. הַשְׁלֵם בַּצּוּרוֹת הַדְּרוּשׁוֹת שֶׁל מָצָא וְשֶׁל בְּעֵינֵי:

1. אִם זֶה ________ חֵן ________, הוּא יִקְנֶה אֶת זֶה.
2. אִמִּי ________ חֵן ________ אָבִי כְּבָר בִּפְגִישָׁתָם הָרִאשׁוֹנָה, לִפְנֵי 25 שָׁנָה.
3. הַכְּפָפוֹת שֶׁלְּךָ ________ חֵן ________. אֵיפֹה קָנִיתָ אוֹתָן?
4. אֲחוֹתִי סִפְּרָה לִי עַל הַפְּגִישָׁה אִתְּכֶם: מְאֹד ________ חֵן ________!

ה. הֲפֹךְ מֵרַבִּים לְיָחִיד:

1. בְּנוֹת הַמִּשְׁפָּחָה יוֹשְׁבוֹת עַל מִרְפְּסוֹת הַבַּיִת.

____

2. הַיְלָדִים הַקְּטַנִּים קוֹרְאִים בְּעִתּוֹנֵי יְלָדִים מְעַנְיְנִים.

____

3. הָאַחִים הַחוֹרְגִים שֶׁל בַּעֲלוֹת הַבַּיִת חוֹזְרִים הָעִירָה.

____

ו. מְחַק אֶת הַמִּלָּה הַבִּלְתִּי מַתְאִימָה:

1. אֵיבִּי אֵינֶנּוּ הָאָח הַחוֹרֵג שֶׁל אַבָּא (אֲבָל/אֶלָּא) שֶׁל אִמָּא.
2. אֵיבִּי אֵינֶנּוּ יְלִיד הָאָרֶץ, (אֲבָל/אֶלָּא) הוּא מְדַבֵּר עִבְרִית הֵיטֵב.
3. הַיֶּלֶד לֹא שִׂחֵק בַּחוּץ, (אבל/אלא) קָרָא עַל הַמִּרְפֶּסֶת.
4. הַמְסַפֵּר אֵינֶנּוּ אָדָם מְבֻגָּר, (אבל/אלא) יֶלֶד בְּעֵרֶךְ בְּגִיל 10.

שֵׁם: ____________

ד. הַשְׁלֵם אֶת הַטַּבְלָה:

שם הפועל	צורה	גוף	זמן	שרש	בנין
		הוא	עבר	חבב	פעל
		אנחנו	הווה	נמס	פעל
		אנחנו	עתיד	קדם	התפעל
	חִיְּבָה				
	הִסְתַּכַּלְתִּי				
	מְרַבָּעִים				

ה. כְּתֹב מֵחָדָשׁ בְּעֶזְרַת (מִ)כְּלִי שֶׁ-:

1. לֹא עֲזַרְנוּ לַיֶּלֶד: הוּא עָשָׂה הַכֹּל בְּעַצְמוֹ.

____

2. הָאִשָּׁה הַטּוֹבָה לֹא יָדְעָה, שֶׁהַשְּׁכִינָה שְׁרוּיָה עַל בֵּיתָהּ.

____

3. לֹא הִשְׁקֵיתֶם אֶת הָעָצִיץ, (וּבְכָל זֹאת) הוּא הִתְפַּתֵּחַ יָפֶה!

____

4. הִיא בָּאָה לַמְּסִבָּה, (לַמְרוֹת שֶׁ)לֹא הִזְמַנְתֶּם אוֹתָהּ?!!!

____

ו. חַלֵּק לַהֲבָרוֹת, צַיֵּן טַעַם וְנַקֵּד:

1. הצהרת בלפור הבטיחה בית לאמי ליהודי העולם.

____

2. הבריטים ששלטו בארץ, הגבילו את העליה.

____

3. ישראל מדינה רבונית.

____

שֵׁם: ___________

א. סַמֵּן בְּעִגּוּל אֶת הַמִּלָּה הַיּוֹצֵאת דֹּפֶן, וְהַסְבֵּר מַדּוּעַ:

1. צָעִיר, שָׁמֵן, זָקֵן, יָשָׁן ___________
2. צַר, דַּק, שָׂעִיר, רָזֶה ___________
3. צְחוֹק, בְּדִיחָה, חִיּוּךְ, רְנָנָה ___________
4. חוֹרֵג, טִבְעִי, אַחֵר, זָר ___________
5. פֶּלֶא, צְחוֹק, תִּמָּהוֹן, אַפְתָּעָה ___________

ב. מְחַק אֶת הַמִּלָּה הַבִּלְתִּי מַתְאִימָה:

1. אַף פַּעַם לֹא אָכַלְתִּי כָּל כָּךְ הַרְבֵּה, (כְּמוֹ שֶׁ-/כְּאִלּוּ) אָכַלְתִּי אַחֲרֵי הַטִּיּוּל.
2. הוּא דִּבֵּר כָּל כָּךְ הַרְבֵּה, (כְּמוֹ שֶׁ-/כְּאִלּוּ) הוּא לֹא פָּגַשׁ אֲנָשִׁים כְּבָר שָׁנִים.
3. הוּא מְדַבֵּר עִבְרִית, (כמו ש-/כאילו) מְדַבְּרִים אַחֲרֵי שָׁנָה בָּאֻלְפָּן.
4. הִיא הִמְשִׁיכָה לָלֶכֶת בָּרְחוֹב, (כמו ש-/כאילו) הִיא לֹא רָאֲתָה אוֹתָנוּ.

ג. נַתֵּחַ אֶת הַפְּעָלִים הַבָּאִים מֵהַסִּפּוּר:

הַפֹּעַל	בנין	שרש	זמן	גוף	שם הפועל
מְקַמְּטִים					
מְקֻדֶּמֶת					
יִנָּצְלוּ					
לִמֵּד					

ד. כְּתֹב מֵחָדָשׁ בְּעֶזְרַת (מִ)בְּלִי שֶׁ-, וּבִטּוּיִים הַכּוֹלְלִים זֹאת אוֹ כָּךְ (כַּדָּרוּשׁ):

1. הַהוֹרִים לֹא בִּקְּשׁוּ מִמֶּנּוּ, (אֲבָל) אֵיכִי עָזַר לַיֶּלֶד בְּלִמּוּד הָאַנְגְּלִית.

____

2. לֹא הִתְעוֹרַרְנוּ בִּזְמַן שֶׁכָּל זֶה קָרָה???

____

3. לֹא גִּלִּינוּ לוֹ אֶת הָעִנְיָן, (וּבְכָל זֹאת) הוּא יוֹדֵעַ הַכֹּל.

____

ה. כְּתֹב מֵחָדָשׁ בְּעֶזְרַת **לְהַגִּיעַ לִידֵי** אוֹ **לְהָבִיא לִידֵי**:

1. הוּא רוֹצֶה לִהְיוֹת מֻשְׁלָם.

____

2. בְּסוֹף הַדִּיּוּנִים, הַצְּדָדִים הִסְכִּימוּ זֶה עִם זֶה.

____

3. הַכְּאֵב גָּרַם לָהּ לִבְכּוֹת.

____

4. הַנִּסָּיוֹן מִחוּץ לְבֵית הַמִּדְרָשׁ אִכְזֵב אֶת הַגּוֹזָל.

____

ו. הַשְׁלֵם אֶת מִשְׁפְּטֵי הַתְּנַאי הַבָּאִים כִּרְצוֹנְךָ:

1. לוּלֵא אֵיבִּי הִתְאַכְזֵב מֵהַקִּבּוּץ, ______________

2. לוּ אִמָּא יָדְעָה שֶׁהֵם הוֹלְכִים לַקּוֹלְנוֹעַ, ______________

3. אִם נִרְצֶה לְהָבִיא אֹשֶׁר לַאֲחֵרִים, ______________

4. אִלּוּ הַמְּסַפֵּר הֵבִין אֶת הַמִּלָּה "אִידֵיאָלִיסְט", ______________

ז. חִבּוּר (5-10 מִשְׁפָּטִים). תָּאֵר אֶת אָפְיוֹ שֶׁל אֵיבִּי, וְהָבֵא דֻּגְמָאוֹת מֵהַסִּפּוּר.

____

____

____

____

____

____

____

____

שֵׁם: ______________

א. הַשְׁלֵם אֶת הַטַּבְלָה:

בנין	שרש	זמן	גוף	צורה	שם הפועל
פָּעל	שמר	הווה	יחיד		
נפעל	שמר	הווה	יחיד		
פִּעל	שמר	הווה	יחיד		
פֻּעל	שמר	הווה	יחיד		----
התפעל	שמר	הווה	יחיד		
פָּעל	קרב	עבר	אנחנו		
נפעל	קרב	עבר	אנחנו		
הפעיל	קרב	עבר	אנחנו		
הָפְעַל	קרב	עבר	אנחנו		----
פָּעל	קרב	עבר	אנחנו		
פֻּעל	קרב	עבר	אנחנו		----
התפעל	קרב	עבר	אנחנו		

ב. הַשְׁלֵם בְּעֶזְרַת צוּרוֹת דְּרוּשׁוֹת שֶׁל מָצָא וְשֶׁל בְּעֵינֵי:

1. זְכַרְיָה _____ חֵן _____ אִיבִּי, גַּם מִפְּנֵי שֶׁהוּא הָיָה תֵּימָנִי.
2. הַיְּדִידוּת שֶׁל אִיבִּי עִם זְכַרְיָה לֹא _____ חֵן _____ אִמָּא, כִּי הָיוּ לָהּ דֵּעוֹת קְדוּמוֹת.
3. חַנָּה לֹא צְרִיכָה _____ חֵן _____ אִמָּא; חָשׁוּב רַק מַה שֶּׁאִיבִּי מַרְגִּישׁ.
4. אִם _____ חֵן _____, הוּא יַעֲזֹר לְךָ.

ג. כְּתֹב מֵחָדָשׁ בְּעֶזְרַת לָבוֹא לִידֵי אוֹ לְהָבִיא לִידֵי:

1. זְכַרְיָה וְאֵיבִּי הִצְלִיחוּ לְהָבִין הָאֶחָד אֶת הַשֵּׁנִי.

____

2. הַמְּאֹרָעוֹת הָאַחֲרוֹנִים גָּרְמוּ לִי לְהַחְלִיט.

____

3. הַקִּינָה הִסְתַּיְּמָה.

____

4. מַה גָּרַם לְאֵיבִּי וּלְחַנָּה לְהִפָּרֵד?

____

ד. כְּתֹב מֵחָדָשׁ, בְּעֶזְרַת בִּטּוּיִים הַכּוֹלְלִים אֶת הַמִּלָּה לֵב:

1. הוּא אָדָם רָע מְאֹד. ______________

2. הִיא הִרְגִּישָׁה שִׂמְחָה רַבָּה. ______________

3. אֲנַחְנוּ מְבִינִים אֶת רִגְשׁוֹתֵיכֶם. ______________

4. קִבַּלְתִּי הַחְלָטָה לְהַפְסִיק לְעַשֵּׁן. ______________

ה. הַשְׁלֵם בְּעֶזְרַת הַצּוּרוֹת הַדְּרוּשׁוֹת שֶׁל אוֹתוֹ וְשֵׁם עֶצֶם:

1. כְּשֶׁאֵיבִּי חָזַר מֵהַקִּבּוּץ, לֹא הָיוּ לוֹ ______ ______ עַל הַקִּבּוּץ וְעַל טֶבַע הָאָדָם.

2. אִמָּא לֹא אָהֲבָה אֶת חַנָּה מֵ______ ______ שֶׁהִיא לֹא אָהֲבָה אֶת זְכַרְיָה.

3. חַנָּה לֹא קָרְאָה לְאֵיבִּי בְּ______ ______, בּוֹ קָרְאוּ לוֹ בַּמִּשְׁפָּחָה.

שֵׁם: ____________________

שעור מ

1. כְּתֹב בְּמִלִּים אֶת הַמִּסְפָּרִים בִּסְגָרַיִם:

1. שָׁמַעְנוּ (4) __________ הַרְצָאוֹת; (3) __________ ה-(1) __________ הָיוּ פָּחוֹת מֻצְלָחוֹת מֵהַהַרְצָאָה ה-(4) __________.

2. בּ-(7)__________ שְׁעוֹת הַנְּסִיעָה, עָבַרְנוּ בּ-(5) __________ עָרִים וּבְיוֹתֵר מ-(20) __________ יִשּׁוּבִים קְטַנִּים; אֲנַחְנוּ זוֹכְרִים רַק אֶת (9)__________ הָאַחֲרוֹנִים.

שעור מ"א

א. סַמֵּן בְּעִגּוּל אֶת הַמִּלָּה הַיּוֹצֵאת דֹּפֶן, וְהַסְבֵּר מַדּוּעַ:

1. אוּלָם, אֲבָל, אָמְנָם, אַף __________
2. מַחֲזֶה, שַׂחְקָן, בָּמָה, סֶרֶט __________
3. מְדַבֵּר, צוֹעֵק, מְשׂוֹחֵחַ, אוֹמֵר __________
4. שִׂמְחָה, אֹשֶׁר, רְנָנָה, עֹשֶׁר __________
5. קְפִיצָה, לָלֶכֶת, הַזְמָנָה, סִדּוּר __________

ב. כְּתֹב מֵחָדָשׁ בְּעֶזְרַת (מִ)בְּלִי שֶׁ-, וּבִטּוּיִים הַכּוֹלְלִים זֹאת אוֹ כָּךְ (כַּדָּרוּשׁ):

1. לֹא הִרְגַּשְׁנוּ, אֵיךְ הַשָּׁנָה חָלְפָה.

____

2. (לַמְרוֹת שֶׁ) הוֹרָיו לֹא הִסְכִּימוּ, הוּא הִתְחַתֵּן אִתָּהּ.

____

3. הָאֶזְרָחִים לֹא בָּחֲרוּ בּוֹ, (וּבְכָל זֹאת) הוּא נַעֲשָׂה נָשִׂיא.

____

ג. כְּתֹב מֵחָדָשׁ בְּעֶזְרַת בִּטּוּיִים, הַכּוֹלְלִים אֶת הַמִּלָּה לֵב:

1. הִיא אִשָּׁה רַחְמָנִיָּה. __________
2. הוּא נִחֵשׁ שֶׁמַּשֶּׁהוּ טוֹב יִקְרֶה. __________
3. הוּא אוֹהֵב אוֹתָהּ מְאֹד מְאֹד. __________
4. הִיא עָשְׂתָה הַכֹּל מִבְּלִי לְהִצְטַעֵר __________

ד. חַלֵּק לַהֲבָרוֹת, צַיֵּן טַעַם וְנַקֵּד:

1. הילד קורא על מרפסת הבית ושוכח את העולם.

____

2. הדוד לא מסכים ללמד את השכן אנגלית.

____

ה. כְּתֹב מֵחָדָשׁ בְּעֶזְרַת כִּנּוּיִים סְתָמִיִּים (מִי שֶׁ-/מַה שֶּׁ-)

1. אֲנָשִׁים, שֶׁאֵינָם בְּטוּחִים בְּעַצְמָם, מְחַפְּשִׂים פְּגָם בַּאֲחֵרִים.

____

2. הַדְּבָרִים, שֶׁהַיֶּלֶד אָמַר עַל הָעֲרָבִים, שִׁקְּפוּ אֶת דֵּעוֹתֶיהָ שֶׁל אִמּוֹ.

____

3. צַעַר הַפְּרִידָה מֵחַנָּה גָּרַם לְאֵיבִּי לְהַאֲמִין בְּ"דִבְרֵי הַפִילוֹסוֹפְיָה", שֶׁהוּא אָמַר לַיֶּלֶד.

____

4. הַקּוֹרֵא אֵינֶנּוּ יוֹדֵעַ אֶת הַסִּבּוֹת, שֶׁהֵבִיאוּ אֶת חַנָּה וְאֵיבִּי לִידֵי פְּרִידָה.

____

ד. הַשְׁלֵם בְּמִלּוֹת הַיַּחַס הַמִּצְרָכוֹת:

1. אֵיבִּי נָתַן __ זְכַרְיָה סִיגָרִיּוֹת "קֶמֶלְס".
2. אִי אֶפְשָׁר לַהֲפֹךְ אֶת הַנְּמָלָה __ פִּיל.
3. אֵיבִּי דָּאַג __ תִּקּוּן הַחֶבְרָה.
4. הוּא הֶחֱזִיק __ זְרוֹעָהּ שֶׁל חַנָּה.
5. הִיא נֶהֶנְתָה מְאֹד __ הַסִּפּוּר.
6. אִמָּא צָעֲקָה __ אַבָּא.

ו. כְּתֹב בְּדִבּוּר עָקִיף:

1. אִמָּא אָמְרָה לְאַבָּא: "לֹא אִכְפַּת לְךָ, שֶׁאֵיבִּי יִתְחַתֵּן עִם תֵּימָנִיָּה".

____

2. אַבָּא שָׁאַל: "מָה רַע בְּכָךְ?"

____

3. אִמָּא עָנְתָה: "יִהְיוּ לוֹ יְלָדִים תֵּימָנִים?"

____

4. אַבָּא שָׁאַל אֶת אִמָּא: "אֵינֵךְ אוֹהֶבֶת יְלָדִים שְׁחַרְחָרִים?"

____

5. אִמָּא צָעֲקָה עַל אַבָּא: "הִתְחַתֵּן (אַתָּה) עִם תֵּימָנִיָּה!"

____

שֵׁם: ______________

שעור מ"ב

א. כְּתֹב בְּמִלִּים מֵהַסִּפּוּר:

1. רִחַמְתִּי עָלָיו. ______________
2. הָיְתָה לִי אַפְתָּעָה. ______________
3. וְזֶה מַה שֶּׁקָּרָה. ______________
4. גָּרַם לְהִתְרַגְּשׁוּת גְּדוֹלָה. ______________
5. חָדְשַׁיִם לְאַחַר מִכֵּן. ______________

ב. הַשְׁלֵם בְּמִלּוֹת הַיַּחַס הַמְּצֻרָכוֹת:

1. דָּנִי נִגַּשׁ ____ הָרְאִי וְלֹא זָז ____ שָׁם מֶשֶׁךְ שָׁעוֹת רַבּוֹת.
2. הוּא מִיֵּעַךְ ____ פְּצָעָיו.
3. דָּנִי פָּחַד ____ הַרְעָלַת דָּם.
4. הָאָח הַצָּעִיר רִחֵם ____ דָּנִי, וְדָאַג ____.
5. הוּא גַּם הִכְעִיס ____ דָּנִי, שֶׁלֹּא בְּכַוָּנָה.

ג. הֲפֹךְ מִפָּעִיל לְסָבִיל:

1. הוּא מְפַנֶּה אֶת הַדִּירָה. ______________
2. שִׁנִּיתָ אֶת הַיְצִירָה. ______________
3. הֵם יְגַלּוּ לָנוּ אֶת הַסּוֹד. ______________
4. הֵם מְזַהִים אֶת הַבְּעָיָה. ______________

ד. הֲפֹךְ מִצִּוּוּי רָגִיל לְ"צִוּוּי" לְגוּף רִאשׁוֹן:

1. הִתְחַתְּנִי! ______________
2. הִתְנַפֵּל עַל הָרוֹפֵא! ______________
3. לִמְדוּ אֶת שְׁמוֹת הַמַּחֲלוֹת! ______________
4. אַל תִּתֵּן לָהּ לְהִכָּנֵס! ______________

שעור מ"ב

ה. הֲפֹךְ מִצְווּי רָגִיל לְ"צִוּוּי" לְגוּף שְׁלִישִׁי:

1. לֵךְ לְבַקֵּשׁ תְּרוּפָה! (הוּא): ______________
2. הַפְסֵק לְדַבֵּר עַל הַרְעָלַת דָּם! (הֵם): ______________
3. אַל תְּגַלֶּה לִי אֶת אֲמֶרִיקָה. (הִיא): ______________

ו. כְּתֹב מֵחָדָשׁ בְּעֶזְרַת לְהַגִּיעַ לִידֵי אוֹ לְהָבִיא לִידֵי:

1. הַשְּׁתִיקָה שֶׁל חַנָּה יָאֳשָׁה אֶת אִיבִּי.

____

2. אַחֲרֵי שָׁנִים שֶׁל מְרִירוּת, הִיא הִשְׁלִימָה עִם גּוֹרָלָהּ.

____

3. הוּא הִסִּיק שֶׁזּוֹ לֹא הַרְעָלַת דָּם.

____

4. הָאָח הַצָּעִיר הִכְעִיס אֶת דָּנִי.

____

ז. הִשְׁתַּמֵּשׁ בְּצוּרוֹת שֶׁל צָרִיךְ כְּפֹעַל עֵזֶר:

1. אַתָּה מַבְטִיחַ לִי שֶׁלֹּא תִּשְׁכַּח. ______________
2. נִשְׁאַרְתִּי בַּמִּשְׂרָד עַד 8 בָּעֶרֶב. ______________
3. מָחָר תָּקוּמִי מֻקְדָּם. ______________

ח. חַלֵּק לַהֲבָרוֹת, צַיֵּן אֶת הַטַּעַם וְנַקֵּד:

המספר לא יכול להבין מדוע רנה מחבבת את אחיו.

____

שֵׁם: ______________

שעור מ״ג

א. הַשְׁלֵם אֶת הַטַּבְלָה:

צורה	שרש	בנין	זמן	גוף	שם פועל
מְהַרְתִּי					
נִסִּיתִי					
מְשֻׁנֶּה					----
קִצַּצְתִּי					
מוּזָר					----
מְמֻלָּא					
מְבֻלְבָּל					----
מְקַוֶּה					
מְבֹעָר					----
הִבִּיט					

ב. הֲפֹךְ לְ״צִווּי״ לְגוּף רִאשׁוֹן:

1. קַצֵּץ אֶת הַפֵּאוֹת! ______________
2. הַצִּיגִי אוֹתוֹ לִפְנֵיהֶם! ______________
3. הִסְתַּכְּלוּ בַּחוֹבֶרֶת! ______________

ג. הֲפֹךְ לְ״צִווּי״ לְגוּף שְׁלִישִׁי:

1. הִשָּׁעֵן עַל הַשֻּׁלְחָן! (הוּא): ______________
2. אַל תִּפְגְּעִי בּוֹ! (הִיא): ______________
3. בְּרַח מֵהַיְשִׁיבָה! (הֵם): ______________

ד. מְחַק אֶת הַמִּלָּה הַבִּלְתִּי מַתְאִימָה:

1. בְּרוֹמָא, נוֹהֲגִים (כְּמוֹ שֶׁ-/כְּאִלּוּ) הָרוֹמָאִים נוֹהֲגִים.
2. הוּא פּוֹעֵל (כמו ש-/כאלו) צָרִיךְ לִפְעֹל בִּזְמַן מִלְחָמָה.
3. זְכַרְיָה הִקְשִׁיב לְדִבְרֵי אֵיבִּי (כמו ש-/כאלו) הוּא הֵבִין מַה שֶׁאֵיבִּי אוֹמֵר.
4. הָאֵם דָּאֲגָה לְאֵיבִּי (כמו ש-/כאלו) אֵם דּוֹאֶגֶת לִבְנָהּ.

שעור מ״ג

ה. הַשְׁלֵם בְּעֶזְרַת צוּרוֹת שֶׁל מָצָא וְשֶׁל בְּעֵינַי:

1. קָנָה לָהּ שׁוֹשַׁנִּים; אֲנִי בְּטוּחָה שֶׁזֶּה ______ חֵן ______.
2. מַה דַּעְתֵּךְ עַל הַדִּירָה הַחֲדָשָׁה? הִיא ______ חֵן ______?
3. רַעַשׁ הַמָּנוֹעַ לֹא ______ חֵן ______: מַשֶּׁהוּ פֹּה לֹא בְּסֵדֶר!
4. הַיְלָדִים ______ חֵן ______ הָרוֹקֵחַ, כִּי הֵם הִתְעַנְיְנוּ בִּבְרִיאוּת.

ו. כְּתֹב מֵחָדָשׁ בְּעֶזְרַת בִּטּוּיִים, הַכּוֹלְלִים אֶת הַמִּלָּה לֵב:

1. רִחַמְתִּי עָלָיו.

____

2. הָיְתָה לִי הַרְגָּשָׁה שֶׁתָּבוֹאוּ הָעֶרֶב.

____

3. הוּא אָדָם חֲסַר רַחֲמִים.

____

ז. הַשְׁלֵם בְּשֵׁם עֶצֶם מַתְאִים:

1. הַלִּיטָאִי רָעַד מֵרֹב ______, כְּשֶׁהוּא שָׁכַב לְבַדּוֹ בַּחֶדֶר עִם הַצַּדִּיק.
2. כִּמְעַט נִרְדַּמְנוּ בַּשִּׁעוּר, מֵרֹב ______.
3. מֵרֹב ______, אֵיכִי רָאָה בְּכָל דָּבָר מֶסֶר שְׁלִילִי.
4. לֹא רוֹאִים אֶת הַיַּעַר, מֵרֹב ______.

ח. הֲפֹךְ מִיָּחִיד לְרַבִּים:

1. אֲחוֹת בֵּית הַסֵּפֶר מְלַמֶּדֶת אֶת חֲבֵר אֲגוּדַת הַבְּרִיאוּת.

____

2. פֶּצַע הַבַּגְרוּת שֶׁל דָּנִי כִּעֵר אֶת פָּנָיו.

____

ט. חִבּוּר (5-10 מִשְׁפָּטִים). הַאִם אַתָּה רוֹאֶה קַוִּים מְשֻׁתָּפִים בֵּין דְּמוּת אִיּבִּי בִּ"דְבָרִים שֶׁבְּטֶבַע הָאָדָם" לְבֵין הָרוֹקֵחַ בְּ"מַעֲשֶׂה בְּרוֹקֵחַ"? מַהֵם?

____

____

____

____

____

____

____

____

____

____

____

קרא את החבור מחדש, וַדֵּא שאין בו שגיאות דקדוק

א. בַּמִּשְׁפָּטִים הַבָּאִים, אֶפְשָׁר לְהַחֲלִיף אֶת הַמִּלָּה הַמֻּבְלֶטֶת בְּמִלִּים שׁוֹנוֹת, כָּךְ שֶׁהַפֵּרוּשׁ יִהְיֶה שׁוֹנֶה, אֲבָל הַמִּשְׁפָּט יִשָּׁאֵר נָכוֹן מִבְּחִינָה דִּקְדּוּקִית. סַמֵּן אֶת הַמִּלָּה שֶׁאֵינָהּ מַתְאִימָה לַמִּבְנֶה הַדִּקְדּוּקִי:

1. הָרוֹקֵחַ *הִתְנַפֵּל* עַל הָרוֹפֵא.
   - א. שָׁמַר
   - ב. כָּעַס
   - ג. צָעַק
   - ד. חִבֵּב

2. דָּנִי *בָּרַח* מִפְּנֵי רִנָּה.
   - א. הִתְחַבֵּא
   - ב. שָׁתַק
   - ג. פָּחַד
   - ד. הִתְבַּיֵּשׁ

3. הַיְלָדִים *הִבִּיטוּ* בָּרוֹקֵחַ.
   - א. הִקְשִׁיבוּ
   - ב. הִסְתַּכְּלוּ
   - ג. הֶאֱמִינוּ
   - ד. הִתְעַנְיְנוּ

4. רִנָּה נִכְנְסָה *פְּנִימָה*.
   - א. הַבַּיְתָה
   - ב. לַחֶדֶר
   - ג. הַחוּצָה
   - ד. אִתִּי

5. הָאָח הַצָּעִיר *דָּאַג* לְדָנִי.
   - א. כָּתַב
   - ב. הִקְשִׁיב
   - ג. הִפְרִיעַ
   - ד. שׂוֹחַח

6. הוּא *רִחֵם* עַל דָּנִי.
   - א. כָּעַס
   - ב. נִשְׁעַן
   - ג. שָׁמַר
   - ד. עָזַר

ב. הַשְׁלֵם אֶת הַטַּבְלָה:

שרש	זמן	גוף	פִּעֵל	פֻּעַל	התפַּעֵל
חבב	עבר	אנחנו			
תאר	עתיד	הוא			
פנה	הווה	רבים			
סדר	עתיד	היא			
עור	עבר	אני			

ג. כְּתֹב מֵחָדָשׁ, בְּעֶזְרַת (מִ)כְּלִי שֶׁ- וּבִטּוּיִים הַכּוֹלְלִים זֹאת/כָּךְ (אִם יֵשׁ צֹרֶךְ)

1. אִישׁ לֹא אָמַר לוֹ שֶׁחַנָּה בַּדֶּלֶת, (אֲבָל) הוּא קָפַץ מִמְּקוֹמוֹ עִם הַצִּלְצוּל.

____

2. אֵיבִּי יָדַע שֶׁחַנָּה תָּבוֹא, (לַמְרוֹת שֶׁ) הִיא לֹא הוֹדִיעָה לוֹ.

____

3. רִנָּה וְדָנִי לֹא הִרְגִּישׁוּ, כְּשֶׁהָאָח הַצָּעִיר הִזְדַּנֵּב מֵאָחוֹר.

____

ד. חַבֵּר אֶת הַמִּשְׁפָּטִים הַבָּאִים בְּעֶזְרַת מִלִּים כְּ- אָמְנָם, בֶּאֱמֶת, אֲבָל וְ-אַף לְמַעֲשֶׂה:

1. הָאָח הַצָּעִיר דִּבֵּר אֶל דָּנִי לִפְעָמִים בְּחֻצְפָּה. הָאָח הַצָּעִיר אָהַב מְאֹד אֶת דָּנִי.

____

2. אֵיבִּי אָמַר שֶׁכְּדַאי לִהְיוֹת קָשֶׁה וְקָשׁוּחַ; הוּא עַצְמוֹ הָיָה רַךְ וְרָגִישׁ.

____

3. הָרוֹקֵחַ חָשַׁב שֶׁהוּא מָצָא אֶת הַדֶּרֶךְ אֶל הָאֱמֶת; (בִּמְקוֹם זֶה) הוּא הָיָה מְבֻלְבָּל מְאֹד.

____

4. אֲחוֹתוֹ שֶׁל אֵיבִּי הֶעֱמִידָה פָּנִים, כְּאִלּוּ הִיא מְחַבֶּבֶת אֶת ד"ר גּוֹלְדְבֶּרְג. הָאֱמֶת הָיְתָה שֶׁהִיא רַק רָצְתָה לִשְׁמֹר עַל יְחָסִים טוֹבִים עִם שָׁכֵן.

____

____

ה. חַלֵּק לַהֲבָרוֹת, צַיֵּן אֶת הַטַּעַם וְנַקֵּד:

1. התרופה נקנתה בבית המרקחת החדש.

____

2. הספורים שהתהלכו בשכונה על הרוקח היו מבלבלים.

____

ו. תָּאֵר אֶת מַעֲרֶכֶת הַיְחָסִים בֵּין הַמְּסַפֵּר לְבֵין דָּנִי, אָחִיו. הָבֵא דֻּגְמָאוֹת מֵהַסִּפּוּר.

____

____

____

____

____

____

____

____

____

____

____

____

____

____

בדוק וודא שאין שגיאות בדקדוק

א. בְּחַר בְּשָׁרָשִׁים מֵהַשּׁוּלַיִם, וְהַשְׁלֵם אֶת הַמִּשְׁפָּטִים הַבָּאִים בְּ הִתְפַּעֵל:

1. אֲנִי ________ עָלֶיךָ: כְּבָר שְׁנָתַיִם בְּיִשְׂרָאֵל, וְאֵינְךָ מְדַבֵּר עִבְרִית?! (ברך)
2. אַתְּ יְכוֹלָה לָקַחַת אֶת הַמְּכוֹנִית שֶׁלִּי; אֲנִי לֹא ________ בָּהּ מָחָר. (זקן)
3. יֵשׁ לָכֶם יְלָדִים כָּל כָּךְ טוֹבִים; אַתֶּם צְרִיכִים ________ בָּהֶם! (קדם)
4. הִיא נִרְאֵית מְצֻיֶּנֶת. נִדְמֶה שֶׁהִיא לֹא ________ לְעוֹלָם! (פלא)
5. הַיֶּלֶד לָמַד עִם אִיבִּי וְ ________ יָפֶה בְּאַנְגְּלִית. (צער)
6. עַכְשָׁו לֹא אִכְפַּת לוֹ; אֲבָל יָבוֹא יוֹם וְהוּא ________ עַל כָּךְ! (שמש)

ב. כְּתֹב מֵחָדָשׁ בְּעֶזְרַת בִּטּוּיִים, הַכּוֹלְלִים אֶת הַמִּלָּה לֵב:

1. הִרְגַּשְׁתִּי שִׂמְחָה רַבָּה. ______________
2. הָיְתָה לוֹ הַרְגָּשָׁה, שֶׁהִיא תְּטַלְפֵּן הָעֶרֶב. ______________
3. הֵם אֲנָשִׁים רָעִים מְאֹד. ______________
4. הִיא הֵבִינָה שֶׁלֹּא טוֹב לַעֲסֹק בִּלְשׁוֹן הָרָע. ______________

ג. כְּתֹב בְּמִלִּים אֶת הַמִּסְפָּרִים בְּסֻגְרַיִם:

הַיְּהוּדִים חָיוּ בְּמִצְרַיִם כְּ-(400) ________ ________ שָׁנָה. בַּסֵּפֶר ה-(2) ________ שֶׁל הַתַּנַ"ךְ, מְסֻפָּר אֵיךְ אֱלֹהִים הוֹצִיא אוֹתָם מִשָּׁם, הוֹלִיךְ אוֹתָם בַּמִּדְבָּר מֶשֶׁךְ (40) ________ שָׁנָה, וְלִבְסוֹף הֵבִיא אוֹתָם לְאֶרֶץ יִשְׂרָאֵל.

(4) ________ הַבָּנִים בַּהַגָּדָה מְיַצְּגִים טִפּוּסִים שׁוֹנִים שֶׁל יְהוּדִים: הַבֵּן ה-(4) ________ אֵינוֹ יוֹדֵעַ לִשְׁאֹל.

ד. הַשְׁלֵם אֶת מִשְׁפְּטֵי הַתְּנַאי הַבָּאִים כִּרְצוֹנְךָ:

1. לוּלֵא הַמְּסַפֵּר הַבִּיט בְּדָנִי בְּרַחֲמִים, ______________
2. אִם רִנָּה יְכוֹלָה לֶאֱהֹב אֶת דָּנִי, ______________
3. לוּ ד"ר גַּמְלָן אָהַב כָּל אָדָם, ______________

שֵׁם: ___________

ה. אֱמֹר בְּדִבּוּר עָקִיף:

1. הֶחָכָם שׁוֹאֵל אֶת הַהוֹרִים: "מָה הַמִּשְׁפָּטִים אֲשֶׁר אֲדוֹנָי צִוָּה אֶתְכֶם?"

____

2. הָאָב אוֹמֵר לָרָשָׁע: "אִלּוּ הָיִיתָ שָׁם, לֹא הָיִיתָ נִגְאָל."

____

3. הַהַגָּדָה אוֹמֶרֶת לָאָב: "הַקְהֵה אֶת שִׁנָּיו!"

____

ו. הַשְׁלֵם אֶת הַמִּשְׁפָּטִים בַּמִּלִּים הַחֲסֵרוֹת:

הָרוֹקֵחַ הִתְעַנְיֵן בִּפְעוּלוֹת אֲגֻדַּת הַ ___________. הוּא ___________ לְדִבְרֵי הַיְלָדִים, וְכִמְעַט נָפַל מֵהַשֻּׁלְחָן עָלָיו יָשַׁב ___________ תִּמָּהוֹן. וְאָז הוּא הִתְוַדָּה לִפְנֵיהֶם וְסִפֵּר שֶׁ ___________ לְמוֹדָיו הָעֲנָפִים וְהָעֻבְדָּה שֶׁהוּא רוֹקֵחַ מְדֻפְלָם, אֵין הוּא יוֹדֵעַ דָּבָר עַל ___________.

אוּלַי טִבְעִי הַדָּבָר שֶׁאָדָם ___________ חוּשׁ אֶסְתֵּטִי מְפֻתָּח, הָאוֹהֵב אֳמָנוּת וּפִילוֹסוֹפְיָה, אֵינוֹ נִמְשָׁךְ לַצַּד הָעָצוּב שֶׁבַּחַיִּים. . . אֲבָל הוּא מַעֲרִיךְ מְאֹד אֶת פְּעוּלַת הַיְלָדִים. הוּא מְכַנֶּה אוֹתָם "___________" חֲשׁוּבִים; אוּלַי מִפְּנֵי שֶׁהֵם תּוֹרְמִים בְּמַעֲשֵׂיהֶם לְטוֹבַת הַחֶבְרָה, וּבָזֶה הֵם מְקַדְּמִים אֶת עִנְיַן ___________ הָעוֹלָם.

ז. כְּתֹב מֵחָדָשׁ בְּעֶזְרַת עַל אוֹ יֵשׁ:

1. צָרִיךְ לְהַרְבּוֹת בְּסִפּוּר יְצִיאַת מִצְרַיִם.

____

2. הָאָב חַיָּב לַעֲזֹר לְשֶׁאֵינוֹ יוֹדֵעַ לִשְׁאֹל לְהַצִּיג שְׁאֵלָה.

____

3. אֲנַחְנוּ חַיָּבִים לָדַעַת אֶת כָּל מִנְהֲגֵי פֶּסַח.

____

4. אַתֶּם צְרִיכִים לְסַיֵּם אֶת הַתַּרְגִּיל לִפְנֵי חֲצוֹת.

____

שֵׁם: ____________

א. הַשְׁלֵם אֶת הַטַּבְלָה:

בנין	שרש	זמן	גוף	צורה	שם הפועל
פִּעֵל	מעך	הווה	רבים		----
				מְחַבֶּבֶת	
פִּעֵל	עור	עבר	היא		
				נִשְׁעֶנֶת	
התפעל	שנה	עתיד	אנחנו		
				מְסֻמָּךְ	----
פֻּעַל	לכלך	הווה	רבים		----
				רוּצוּ	

ב. כְּתֹב מֵחָדָשׁ בְּעֶזְרַת עַל אוֹ יֵשׁ:

1. מְשׁוֹרְרִים חַיָּבִים לִהְיוֹת נֶאֱמָנִים לְעַצְמָם.

____

2. צָרִיךְ לִקְרֹא אֶת הַשִּׁיר שׁוּב וָשׁוּב.

____

3. הָאָב חַיָּב לִפְתֹּחַ לְ"שֶׁאֵינוֹ יוֹדֵעַ לִשְׁאֹל".

____

4. הוּא חַיָּב לְמַלֵּט אֶת נַפְשׁוֹ.

____

ג. הַשְׁלֵם בְּעֶזְרַת צוּרוֹת שֶׁל מָצָא וְשֶׁל בְּעֵינֵי:

1. כָּל מַה שֶּׁתַּעֲשִׂי ________ חֵן ________, אֲנַחְנוּ מַבְטִיחִים!
2. לוּלֵא ________ חֵן ________, הֵם לֹא הָיוּ מַזְמִינִים אוֹתָנוּ לַטִּיּוּל.
3. הַסִּפּוּר ________ חֵן ________, אֲבָל רִחַמְתִּי עַל הָרוֹקֵחַ . . .
4. אֵינֶנִּי חוֹשֶׁבֶת שֶׁאֲנִי________ חֵן ________: הוּא אַף פַּעַם לֹא מְדַבֵּר אֵלַי.

ד. חַבֵּר לְמִשְׁפָּט אֶחָד, בְּעֶזְרַת אָמְנָם, בֶּאֱמֶת, אֲבָל וְ-אַף לְמַעֲשֶׂה:

1. לִיפָּא הִצְטַיֵּן בְּכַלְכָּלָה. הָאַהֲבָה הָאֲמִתִּית שֶׁלּוֹ הָיְתָה הַכִּנּוֹר.

____

2. נְחֶמְיָה חָשַׁב שֶׁצָּרִיךְ לִכְתֹּב בַּשָּׂפָה הַמְדֻבֶּרֶת. הוּא כָּתַב בְּיִידִישׁ.

____

3. הוּא הַבֵּן שֶׁאֵינוֹ יוֹדֵעַ לִשְׁאֹל. הוּא שׁוֹאֵל שְׁאֵלָה אֲרֻכָּה בְּיוֹתֵר.

____

ה. הַשְׁלֵם בְּעֶזְרַת צוּרוֹת שֶׁל אוֹתוֹ וְשֵׁם עֶצֶם:

1. בְּכָל שָׁנָה בְּלֵיל הַסֵּדֶר, הַצָּעִיר בַּמִּשְׁפָּחָה שׁוֹאֵל אֶת __________ __________ .

2. הָאָב חוֹזֵר בִּדְבָרָיו אֶל שֶׁ"אֵינוֹ יוֹדֵעַ לִשְׁאֹל" בִּמְעַט עַל __________ __________ שֶׁהוּא אוֹמֵר לָ"רָשָׁע".

3. בְּקָרוֹב נִרְאֶה, אִם הַשִּׁיר שֶׁל לֵאָה גוֹלְדְבֶּרְג מְדַבֵּר עַל __________ __________.

ו. עֲנֵה עַל הַשְּׁאֵלוֹת:

1. בַּבַּיִת הָרִאשׁוֹן בַּשִּׁיר, הַבֵּן אוֹמֵר "גַּם הַפַּעַם". מָה הָיְתָה הַפַּעַם הַקּוֹדֶמֶת?

____

2. מַה פֵּרוּשׁ הַבִּטּוּי "קְטָנוּ הַמִּלִּים"?

____

3. מַה פֵּרוּשׁ הַבִּטּוּי "כְּבַד פֶּה"?

____

4. מַדּוּעַ לֹא מָצָא הַמְדַבֵּר מָנוֹחַ?

____

5. יִסּוּרָיו שֶׁל הַמְדַבֵּר הֵם הַמַּרְאוֹת שֶׁהוּא רוֹאֶה. מַדּוּעַ אֵין הוּא עוֹצֵם אֶת עֵינָיו?

_____

6. מַה לֹא יָכוֹל הַמְדַבֵּר לִשְׁכֹּחַ בַּבַּיִת הָרְבִיעִי?

_____

7. מַדּוּעַ לֹא בִּקֵּשׁ הַמְדַבֵּר נָקָם וְשִׁלֵּם?

_____

8. מַה מְבַקֵּשׁ הַמְדַבֵּר בַּמִּלִּים "פְּתַח לִי"?

_____

ז. חַלֵּק לַהֲבָרוֹת, צַיֵּן אֶת הַטַּעַם וְנַקֵּד:

הם משתמשים בבטוי "עינים טפשיות" כדי לפגע האחד בשני.

_____

_____

שֵׁם: ______________

א. הַשְׁלֵם אֶת הַטַּבְלָה:

צורה	בנין	שרש	זמן	גוף	שם פועל
קָטְנוּ					
מַלֵּט					
צִוִּיתִי					----
הִגַּעְתִּי					
פִּתַּח					
הִכּוּ					

ב. כְּתֹב בִּשְׁתֵּי מִלִּים אֶת הַמִּלִּים הַמֻּבְלָטוֹת:

1. בְּחֹזֶק יָד *הוֹצִיאָנוּ* אֲדוֹנָי מִמִּצְרַיִם. ______________
2. וְהוּא *יוֹלִיכֵנוּ* . . . לְאַרְצֵנוּ. ______________

ג. מְחַק אֶת הַמִּלָּה הַבִּלְתִּי מַתְאִימָה:

1. עָלֵינוּ לִרְאוֹת אֶת עַצְמֵנוּ (כְּמוֹ שֶׁ-/כְּאִלּוּ) אֲנַחְנוּ עַצְמֵנוּ נִגְאַלְנוּ מִמִּצְרַיִם.
2. הָאָב צָרִיךְ לַעֲזֹר לְ"שֶׁאֵינוֹ יוֹדֵעַ לִשְׁאֹל" (כְּמוֹ שֶׁ-/כְּאִלּוּ) כָּתוּב בַּהַגָּדָה.
3. בְּכָל הַלֵּילוֹת, מֻתָּר לֶאֱכֹל מַצָּה (כמו ש-/כאילו) עוֹשִׂים בְּלֵיל הַסֵּדֶר.
4. הָרָשָׁע מְדַבֵּר (כמו ש-/כאילו) הוּא אֵינֶנּוּ מַאֲמִין בְּמִנְהֲגֵי הַיַּהֲדוּת.

ד. כְּתֹב מֵחָדָשׁ, בְּעֶזְרַת (מִ)בְּלִי שֶׁ-:

1. הָאָח הַצָּעִיר תָּמִיד דִּבֵּר, (לַמְרוֹת שֶׁ)אִישׁ לֹא שָׁאַל לַעֲצָתוֹ.

____

2. הַשְּׁכֵנִים לֹא הִצְטַעֲרוּ, כְּשֶׁבֵּית הַמִּרְקַחַת נִסְגַּר.

____

3. הוּא לֹא חָשַׁד בְּדָבָר, כְּשֶׁהֵכִינוּ לוֹ מְסִבַּת אַפְתָּעָה.

____

4. הַפּוֹעֲלִים לֹא נִפְגְּעוּ, כְּשֶׁהַהִסְתַּדְּרוּת חָתְמָה עַל הֶסְכֵּם עִם הַמַּעֲבִידִים?

____

ה. כְּתֹב מֵחָדָשׁ, בְּעֶזְרַת מָשָׂא פְּנִימִי:

1. צֶמַח כָּעַס מְאֹד עַל סְטֶלָה. ______________

2. סְטֶלָה אָהֲבָה מְאֹד אֶת צֶמַח. ______________

3. צֶמַח נָשַׁק לְאִשָּׁה זָרָה בְּחֹם. ______________

ו. הֲפֹךְ מִצּוּוּי רָגִיל לְ"צִוּוּי" לְגוּף רִאשׁוֹן:

1. לְכִי לַמְּסִבָּה! ______________

2. טַיְּלוּ עַל חוֹף הַיָּם! ______________

3. הִתְכַּתֵּב אִתִּי! ______________

ז. חַלֵּק לַהֲבָרוֹת, צַיֵּן אֶת הַטַּעַם וְנַקֵּד:

חק אחד מחקי פסח הוא שאנחנו קוראים בהגדה על יציאת מצרים. אנחנו זוכרים שפעם היינו עבדים, ואנחנו שמחים שהיום אנחנו בני חורין.

____

____

____

ח. תָּאֵר אֶת הַסִּימֶטְרִיָּה בֵּין שְׁנֵי הַבָּתִּים הַחִיצוֹנִיִּים בְּחֵלֶק א בְּ"כְנֶגֶד אַרְבָּעָה בָנִים":

____

____

____

____

____

____

____

____

____

____

שֵׁם: ____________

א. הַשְׁלֵם אֶת הַטַּבְלָה בְּפֹעַל:

שרש	בנין	זמן	גוף	צורה	שם הפועל
				הֵאִיר	
				הִתְפַּתֵּחַ	
				מַגִּיעַ	
				הֵכִין	
				הִתְעַצֵּל	
				סִיֵּם	
				הָיָה	
				נִפְרְדוּ	
				מוֹדֶה	
				דַּע	

ב. הַשְׁלֵם בְּבִטּוּיִים מֵהַסִּפּוּר "עַל הַחֲלוֹמוֹת", עֲמוּדִים 42-46:

1. הוּא מְכֻשָּׁר מְאֹד, אֲנַחְנוּ מְקַוִּים שֶׁהַמַּזָּל ________ לוֹ ________ וְשֶׁהוּא יַצְלִיחַ.
2. הוּא אֵינֶנּוּ קוֹרֵא תָּוִים, אֶלָּא מְנַגֵּן ________ ________ הַשְּׁמִיעָה.
3. אִם ________ אֶת כָּל זְמַנְּךָ לַעֲבוֹדָה, לֹא יִשָּׁאֵר לְךָ פְּנַאי לְבַלּוֹת.
4. בְּדֶרֶךְ כְּלָל אֲנִי לוֹבֵשׁ ג'ינְס; אֲבָל ________ שַׁבָּת, אֲנִי לוֹבֵשׁ בְּגָדִים יָפִים.
5. הוּא לֹא הִתְכּוֹנֵן מַסְפִּיק, וְרַק בְּ ________ עָבַר אֶת הַבְּחִינָה.
6. רֹאשׁ הַמֶּמְשָׁלָה אָמַר: "הַשָּׁלוֹם טוֹב בְּ ________ יוֹתֵר מֵהַשְּׁלִיטָה בְּסִינַי."
7. חָשַׁבְתִּי עַל כָּךְ כָּל הַשָּׁבוּעַ, וְהַיּוֹם הִגַּעְתִּי ________ הַהַכְרָעָה.
8. הִיא נֶחְמָדָה, אֲבָל הִיא מְדַבֶּרֶת יוֹתֵר ________ .

ג. כְּתֹב מֵחָדָשׁ בְּעֶזְרַת לָבוֹא/לְהָבִיא לִידֵי:

1. הִצְלַחְנוּ לְהָבִין זֶה אֶת זֶה. ___________

2. לֹא הִצְלַחְנוּ לִגְרֹם לָהֶם לְהַסְכִּים הָאֶחָד עִם הַשֵּׁנִי. ___________

ד. כְּתֹב מֵחָדָשׁ בְּעֶזְרַת כִּנּוּיִים סְתָמִיִּים (מִי שֶׁ-/מַה שֶּׁ-):

1. אֲנָשִׁים, שֶׁאוֹמְרִים שֶׁאֱלֹהִים אֵינוֹ קַיָּם, כּוֹפְרִים בָּעִקָּר.

____

2. הָאָב חַיָּב לַעֲזֹר לְכָל מִשְׁתַּתֵּף בַּסֵּדֶר, שֶׁאֵינוֹ יוֹדֵעַ לִשְׁאֹל.

____

3. עָלֵינוּ לְקַיֵּם אֶת כָּל הָעֵדוֹת, הַחֻקִּים וְהַמִּשְׁפָּטִים, שֶׁאֱלֹהִים צִוָּה אוֹתָנוּ.

____

4. הָרָשָׁע מְיַצֵּג אֶת כָּל הַיְּהוּדִים, שֶׁמּוֹצִיאִים אֶת עַצְמָם מִכְּלַל יִשְׂרָאֵל.

____

ה. חַלֵּק לַהֲבָרוֹת, צַיֵּן אֶת הַטַּעַם וְנַקֵּד:

שאינו יודע לשאל מתאר בשיר ככבד פה; ובאמת, קשה להבין את השאלה שהוא שואל.

____

____

ו. הַשְׁוֵה בֵּין שְׁנֵי הַבָּתִּים הַמֶּרְכָּזִיִּים בְּ"שֶׁאֵינוֹ יוֹדֵעַ לִשְׁאֹל", וְהַסְבֵּר אֵיךְ תּוֹרֵם מִבְנֵה הַשִּׁיר לְמַשְׁמָעוּתוֹ.

____

____

____

____

____

____

שֵׁם: ____________

שעור נ

א. נַתֵּחַ אֶת הַפְּעָלִים הַבָּאִים מֵ"עַל הַחֲלוֹמוֹת":

שם הפועל	צורה	גוף	זמן	בנין	שרש
	הִשְׁאִיר				
----	יָכֹלְתָּ				
	חָצְתָה				
	נִתְמַלֵּא				
----	מוּצָּק				

ב. הַשְׁלֵם בְּבִטּוּיִים מֵהַסִּפּוּר "עַל הַחֲלוֹמוֹת":

1. צֶמַח נָסַע לְאַנְגְּלִיָּה, כְּדֵי לִלְמֹד לִהְיוֹת ________ ________.
2. צֶמַח ________ אֶת סְטֶלָּה לְאִשָּׁה, ________ עֶשְׂרָה הָרַב.
3. סְטֶלָּה אוֹהֶבֶת אֶת צֶמַח, וְלָכֵן ________ צֶמַח לֶאֱהֹב אֶת סְטֶלָּה.
4. סְטֶלָּה ________ מִשְׁקְפֵי שֶׁמֶשׁ, כְּדֵי לְהַסְתִּיר אֶת דִּמְעוֹתֶיהָ.
5. מֵאָז הַבִּקּוּר בְּמִשְׂרָדוֹ שֶׁל צֶמַח, ________ סְטֶלָּה שֶׁלֹּא לָלֶכֶת לְמִשְׂרָדוֹ.

ג. כְּתֹב מֵחָדָשׁ, בְּעֶזְרַת מָשָׂא פְּנִימִי:

1. שָׂמַחְנוּ מְאֹד בַּמַּתָּנָה. ____________
2. הוּא פּוֹחֵד מִכְּלָבִים, כְּמוֹ מִמָּוֶת. ____________

ד. כְּתֹב מֵחָדָשׁ, בְּעֶזְרַת עַל אוֹ יֵשׁ:

1. צֶמַח חַיָּב לֶאֱהֹב אֶת סְטֶלָּה.

____

2. הִיא חַיֶּבֶת לְקַבֵּל בְּשֶׁקֶט.

____

3. צָרִיךְ לַחֲצוֹת אֶת הַכְּבִישׁ רַק בְּמַעַבְרֵי חֲצִיָּה.

____

שֵׁם: ______________

ה. הַשְׁלֵם בְּעֶזְרַת שֵׁם עֶצֶם מַתְאִים:

1. הַיֶּלֶד קָפַץ וְיָצָא מִמִּשְׂרָדוֹ שֶׁל צֶמַח, מֵרֹב ______________.

2. לִבּוֹ הָיָה כָּבֵד, מֵרֹב ______________.

3. סְטֶלָה תָּמִיד סָלְחָה לְצֶמַח, מֵרֹב ______________.

ו. חַבֵּר לְמִשְׁפָּט אֶחָד:

1. *הָאָב* הוּא אֱלֹהִים. "שֶׁאֵינוֹ יוֹדֵעַ לִשְׁאֹל" פּוֹנֶה *אֶל הָאָב*

____

2. הַמָּוֶת מוֹלֵךְ *בִּשְׁאוֹל*. "שֶׁאֵינוֹ יוֹדֵעַ לִשְׁאֹל" חוֹזֵר *מֵהַשְּׁאוֹל*.

____

ז. כֵּיצַד שׁוֹבֶרֶת הַמְשׁוֹרֶרֶת אֶת הַסֵּדֶר בְּ"כְנֶגֶד אַרְבָּעָה בָנִים", וּמַדּוּעַ?

____

____

____

____

____

____

____

____

____

____

קרא מחדש וודא שאין שגיאות בדקדוק

א. בְּחַר בְּשָׁרָשִׁים מֵהַשּׁוּלַיִם, וְהַשְׁלֵם אֶת הַמִּשְׁפָּטִים הַבָּאִים בְּפִעֵל, פֻּעַל אוֹ הִתְפַּעֵל:

1. הַיְּהוּדִים __________ נֶגֶד הָרוֹמָאִים, וּמָרְדוּ בָּהֶם. (עור)
2. הַהִתְנַהֲגוּת הַמְּשֻׁנָּה שֶׁל הָרוֹקֵחַ __________ סַעֲרַת רוּחוֹת בַּשְּׁכוּנָה. (רוץ)
3. בַּשָּׁבוּעַ שֶׁלִּפְנֵי סִיּוּם הַלִּמּוּדִים, הַסְּטוּדֶנְטִים __________ לִבְחִינוֹת. (קום)
4. __________ בְּכָל הַחֲנוּיוֹת בָּעִיר, וְלֹא מָצָאתִי מַה שֶּׁחִפַּשְׂתִּי. (שיר)
5. לֵאָה גּוֹלְדְבֶּרְג הָיְתָה __________ רְגִישָׁה מְאֹד. (כון)

ב. חַבֵּר לְמִשְׁפָּט אֶחָד, בְּעֶזְרַת אָמְנָם, בֶּאֱמֶת, אֲבָל וְ-אַף לְמַעֲשֶׂה:

1. הוּא הַבֵּן שֶׁאֵינוֹ יוֹדֵעַ לִשְׁאֹל; הוּא שׁוֹאֵל שְׁאֵלָה אֲרֻכָּה וְקָשָׁה.

____

2. הוּא צֻוָּה לִרְאוֹת בְּיִסּוּרֵי תִּינוֹקוֹת. הוּא רָאָה בָּהֶם בַּיָּמִים וּבַלֵּילוֹת.

____

ג. סַמֵּן בְּעִגּוּל אֶת הָאֶפְשָׁרוּת הַבִּלְתִּי נְכוֹנָה:

1. הָאָח הַצָּעִיר *גֵּאֶה* בְּאָחִיו הַגָּדוֹל.
   א. מִתְבַּיֵּשׁ
   ב. מַאֲמִין
   ג. מַפְרִיעַ
   ד. פּוֹגֵעַ

2. הֶבְדֵּלֵי הַגִּיל אֵינָם *תּוֹרְמִים* לַהֲבָנָה.
   א. מַפְרִיעִים
   ב. גּוֹרְמִים
   ג. מַשְׁפִּיעִים
   ד. עוֹזְרִים

4. הֵם *הִקְשִׁיבוּ* לַשְּׁכֵנָה.
   א. דָּאֲגוּ
   ב. הִצִּילוּ
   ג. עָזְרוּ
   ד. הִפְרִיעוּ

5. הוּא *הִרְגִּיז* אוֹתָם תָּמִיד.
   א. הִפְתִּיעַ
   ב. חִבֵּב
   ג. הִדְאִיג
   ד. הִקְשִׁיב

3. הוא *רַחֵם* עָלָיו מְאֹד.

א. דָּאַג

ב. כָּעַס

ג. חָרַד

ד. הִכְבִּיד

6. הוא נֶחְמָד, *אִם כִּי* הוא לֹא יָפֶה

א. לַמְרוֹת שֶׁ-

ב. וְאָמְנָם

ג. אַף עַל פִּי שֶׁ-

ד. גַּם אִם

ד. חַלֵּק לַהֲבָרוֹת, צַיֵּן אֶת הַטַּעַם וְנַקֵּד:

האשה בעלת השער הצהב הזמינה את צמח לביתה, והוא שכח את ההבטחה שהבטיח לסטלה.

____

____

ה. מַהֵם הַמּוֹטִיבִים מֵהַהַגָּדָה, שֶׁאֶפְשָׁר לִמְצֹא בָּ"רָשָׁע" מִתּוֹךְ "כְּנֶגֶד אַרְבָּעָה בָּנִים"?

____

____

____

____

____

____

____

____

בדוק וודא שאין שגיאות בדקדוק

א. בְּחַר בְּשָׁרָשִׁים מֵהַשּׁוּלַיִם, וְהַשְׁלֵם ב הִתְפַּעֵל:

1. כְּשֶׁהוּא ________ מִמְּקוֹמוֹ, רָאִינוּ שֶׁהוּא גָּבוֹהַּ מְאֹד. (סוד)

2. מַה אַתֶּן מִתְלַחֲשׁוֹת? עַל מָה אַתֶּן ________? (כון)

3. בְּשַׁבָּתוֹת הִיא ________ מֻקְדָּם, אֲבָל קָמָה מֵהַמִּטָּה רַק בְּ-9. (נוע)

4. הָיָה לָנוּ יוֹם אָרֹךְ: ________ בָּעִיר מֵהַבֹּקֶר עַד הָעֶרֶב. (רום)

5. הוּא תָּמִיד מַצְלִיחַ בַּבְּחִינוֹת, לַמְרוֹת שֶׁהוּא ________ רַק בָּרֶגַע הָאַחֲרוֹן. (עור)

6. הָעֵצִים ________ בָּרוּחַ. (רוץ)

ב. כְּתֹב בְּמִלִּים מֵהַסִּפּוּר "עַל הַחֲלוֹמוֹת" אֶת הַמִּלִּים הַמֻּבְלָטוֹת:

1. סְטֶלָה הָיְתָה *קְצָת חוֹלָה*: ______________

2. הוּא כְּבָר עָשָׂה אֶת כָּל *מַה שֶּׁצָּרִיךְ לַעֲשׂוֹת*: ______________

3. הוּא אֲפִלּוּ לֹא *רָאָה צֹרֶךְ* לְהוֹדוֹת לוֹ. ______________

4. הִיא לֹא מְכַשֶּׁרֶת, אֲבָל הִיא *אוֹהֶבֶת לַעֲבֹד*. ______________

5. הַיְּהוּדִיּוֹת שֶׁנִּכְנְסוּ לְבֵית הַקָּפֶה הָיוּ *בַּחוּרוֹת בִּלְתִּי מוּסָרִיּוֹת* ______________

ג. הֲפֹךְ מִיָּחִיד לְרַבִּים:

1. הוּא עוֹרֵךְ הַדִּין הַמְּפֻרְסָם בְּיוֹתֵר בִּירוּשָׁלַיִם.

____

2. הִיא עֲסוּקָה בִּישִׁיבַת הַמֶּמְשָׁלָה.

____

3. הָאִשָּׁה בְּבֵית הַקָּפֶה הִיא נַעֲרַת הֶפְקֵר.

____

ד. הַשְׁלֵם אֶת מִשְׁפְּטֵי הַתְּנַאי הַבָּאִים כִּרְצוֹנְךָ:

1. אִם מִישֶׁהוּ בַּמִּשְׁפָּחָה יֶחֱלֶה, ______________________________

2. אִם צֶמַח יִמְצָא אֶת הַצִּיּוּרִים שֶׁסְּטֶלָּה שָׁמְרָה, ______________________

3. אִלּוּ הַיֶּלֶד שָׁמַע אֶת קוֹלָהּ שֶׁל סְטֶלָּה בַּהַלְוָיָה, ______________________

4. אִלּוּ צֶמַח רָשַׁם אֶת דְּמוּתָהּ שֶׁל סְטֶלָּה, ______________________________

ה. הַשְׁלֵם בַּצּוּרוֹת הַמַּתְאִימוֹת שֶׁל מָצָא וְשֶׁל בְּעֵינֵי:

1. סְטֶלָּה שָׁמְרָה עַל צִיּוּרָיו שֶׁל צֶמַח, כִּי הֵם __________ חֵן __________

2. צֶמַח כָּעַס: הַמַּחֲלָה שֶׁל סְטֶלָּה לֹא __________ חֵן __________.

3. הַחַיָּלִים הָאַנְגְּלִים רָאוּ שֶׁסְּטֶלָּה הִיא לֵידִי: הִיא __________ חֵן __________.

ו. הֲפֹךְ מִצְוּוּי רָגִיל לְ"צִוּוּי" לְגוּף שְׁלִישִׁי:

1. הַקְשֵׁה אֶת לְבָבְךָ! (הוּא): __________

2. אַל תְּרַחֲמִי עֲלֵיהֶם! (הִיא): __________

3. הֱיוּ אַכְזָרִים! (הֵם): __________

ז. כֵּיצַד שׁוֹנָה רְאִיַּת הָ"רָשָׁע" אֶת הַשְּׁאוֹל מֵרְאִיָּתוֹ שֶׁל "שֶׁאֵינוֹ יוֹדֵעַ לִשְׁאֹל"? מַדּוּעַ?

____

____

____

____

____

____

____

בדוק וודא שאין שגיאות בדקדוק

שֵׁם: ____________

א. נַתֵּחַ אֶת הַפְּעָלִים הַבָּאִים מִתּוֹךְ "רָשָׁע":

בנין	שרש	זמן	גוף	צורה	שם הפועל
				חָפֵץ	
				יָבְשָׁה	
				יִקְשֶׁה	
				מְשַׁוַּעַת	
				מְשַׁסִּים	----
				הַקְהֵה	

ב. הַשְׁלֵם בְּמִלִּים מֵ"עַל הַחֲלוֹמוֹת", עַמּוּדִים 51-58:

צֶמַח כָּעַס בְּלִבּוֹ עַל סְטֶלָּה, כִּי הִיא חָלְתָה __________ כְּשֶׁהוּא הִגִּיעַ לְשִׂיא הַהַצְלָחָה. הוּא הָיָה עָסוּק מְאֹד בַּעֲבוֹדָתוֹ, וְהִשְׁאִיר אֶת תַּפְקִיד הַ__________ בִּסְטֶלָּה לְאָחִיו, לִיפָּא. וְאָמְנָם, לִיפָּא עָשָׂה אֶת כָּל __________, וְאַף יוֹתֵר מִזֶּה; וְצֶמַח לֹא __________ לְ__________ לְהוֹדוֹת לוֹ עַל כָּךְ.

צֶמַח לֹא הֶרְאָה שׁוּם רֶגֶשׁ כְּלַפֵּי סְטֶלָּה בְּמֶשֶׁךְ חַיֶּיהָ. הִיא לֹא __________ לִרְאוֹת אֶת אַהֲבָתוֹ אוֹ אֶת כַּעֲסוֹ, כִּי הוּא אֲפִלּוּ לֹא __________ אֶת קוֹלוֹ __________. אֲבָל אַחֲרֵי מוֹתָהּ, רִגְשׁוֹת הָאַשְׁמָה לֹא נָתְנוּ לְצֶמַח __________. הוּא נִסָּה לְצַיֵּר אוֹתָהּ מֵהַזִּכָּרוֹן, וְלֹא הִצְלִיחַ: הוּא לֹא זָכַר מַה __________ הָיְתָה __________. וְהַמַּחְשָׁבוֹת הָעֲצוּבוֹת דָּחֲפוּ אוֹתוֹ לִנְהֹג בְּצוּרָה כָּל כָּךְ מְשֻׁנָּה, שֶׁאֶפְשָׁר הָיָה לַחְשֹׁב שֶׁהוּא יָצָא מִ __________.

ג. כְּתֹב מֵחָדָשׁ, בְּעֶזְרַת עַל אוֹ יֵשׁ:

1. הֵם צְרִיכִים לִלְמֹד מָה אָסוּר וּמַה __________
2. חַיָּבִים לַעֲשׂוֹת מַשֶּׁהוּ! __________

ד. כְּתֹב מֵחָדָשׁ, בְּעֶזְרַת (מְ) בְּלִי שֶׁ-:

1. צֶמַח לֹא בִּקֵּשׁ מִלִּיפָּא, (אֲבָל) לִיפָּא טִפֵּל בִּסְטֶלָה.

____

2. סְטֶלָה נָשְׂאָה אֶת סִבְלָהּ בְּשֶׁקֶט, וְאִישׁ לֹא רָאָה אוֹתָהּ בּוֹכָה.

____

ה. כְּתֹב בְּמִלִּים אֶת הַמִּסְפָּרִים בְּסֻגְרַיִם:

1. הַשְּׁאוֹל תּוֹפֶסֶת (2) __________ מִ-(6) __________ הַבָּתִּים בְּ"שֶׁאֵינוֹ יוֹדֵעַ לִשְׁאֹל"; אֲבָל בָּ"רָשָׁע", הִיא מְמַלֵּאת אֶת (3) __________ הַבָּתִּים הַמֶּרְכָּזִיִּים מִתּוֹךְ סַךְ הַכֹּל (5) __________ בָּתִּים.

2. בָּ"רָשָׁע" יֵשׁ לְפָחוֹת (9) __________ מִלִּים, הַמְּבַטְּאוֹת אֶת רִשְׁעָתוֹ; (4) __________ הַבִּטּוּיִים, הַשְּׁאוּבִים מֵהַמְּקוֹרוֹת הֵם "רָשָׁע", "לָכֶם", "קְשֵׁה לֵב", וְ"הַקְהֵה אֶת שִׁנַּי".

ו. כְּתֹב מֵחָדָשׁ בְּדִבּוּר עָקִיף:

1. הָרָשָׁע אוֹמֵר לְמִשְׁפַּחְתּוֹ: "רָאִיתִי מֶה עָשׂוּ לָכֶם".

____

2. הוּא שָׁאַל: "הַאִם כְּדַאי לִהְיוֹת יְהוּדִי וְלִסְבֹּל?"

____

3. הוּא אוֹמֵר לְאָבִיו: "הַקְהֵה אֶת שִׁנָּיו!"

____

ז. מַהֵם הַהֶבְדֵּלִים בְּאָפְיָם וּבְגוֹרָלָם שֶׁל הָ"רָשָׁע" וְ"שֶׁאֵינוֹ יוֹדֵעַ לִשְׁאֹל"?

____

____

____

____

א. הַשְׁלֵם אֶת הַטַּבְלָה:

שרש	פטר	שטח	פטר	שטח	פטר	שטח
גוף	אני	אני	את	את	אתה	אתה
זמן	עתיד	עתיד	הווה	הווה	צווי	צווי
פָּעַל						
נפעל						
פִּעֵל						
פֻּעַל					---	---
התפעל						
הפעיל						
הֻפעל					---	---

ב. מְחַק אֶת הָאֶפְשָׁרוּת הַבִּלְתִּי מַתְאִימָה:

1. עֵינָהּ שֶׁל הַתִּינֹקֶת נִרְאֵית (כְּמוֹ שֶׁ-/כְּאִלּוּ) הִיא מְשַׁוַּעַת לָמוּת.
2. "שֶׁאֵינוֹ יוֹדֵעַ לִשְׁאֹל" אֵינֶנּוּ מְפָרֵט אֶת הַיִּסּוּרִים (כְּמוֹ שֶׁ-/כְּאִלּוּ) הֵם מְתֹאָרִים בָּ"רָשָׁע".
3. הָ"רָשָׁע" אוֹמֵר "הַקְהֵה אֶת שִׁנָּיו", (כְּמוֹ שֶׁ-/כְּאִלּוּ) הוּא מִתְגָּרֶה בְּאָבִיו.
4. הָ"רָשָׁע" אוֹמֵר "מֶה עָשׂוּ **לָכֶם**", (כְּמוֹ שֶׁ-/כְּאִלּוּ) הוּא עוֹשֶׂה בַּהַגָּדָה.

ג. כְּתֹב מֵחָדָשׁ, בְּעֶזְרַת לָבוֹא/ לְהָבִיא לִידֵי:

1. מַרְאוֹת הַסֵּבֶל הַנּוֹרָאִים גָּרְמוּ לָ"רָשָׁע" לְהִתְקוֹמֵם.

____

2. הִתְנַכְּרוּת הָ"רָשָׁע" הִסְתַּיְּמָה בְּאֹפֶן טְרָגִי.

____

3. גַּם בְּסוֹף הַשִּׁיר, הָ"רָשָׁע" אֵינֶנּוּ מִתְחָרֵט.

____

ד. סַמֵּן בְּעִגּוּל אֶת הַמִּלָּה הַיּוֹצֵאת דֹּפֶן, וְהַסְבֵּר מַדּוּעַ:

1. תִּינוֹק, גּוֹזָל, צִפּוֹר, עוֹלָל ______________
2. מִלָּה, נִיב, בִּטּוּי, פֶּה ______________
3. מָוֶת, יִסּוּרִים, שְׁאוֹל, גְּוִיָּה ______________
4. לִנְקֹם, לִבְגֹּד, לְרַמּוֹת, לִמְעֹל ______________

ה. כְּתֹב מֵחָדָשׁ, בְּעֶזְרַת מַשָּׂא פְּנִימִי:

1. הוּא צָעַק בְּקוֹל גָּדוֹל. ______________
2. מִי יִקֹּם בִּשְׁמוֹ? ______________
3. הִשְׁתַּתַּפְנוּ בְּכְאֵבוֹ. ______________
4. הִיא צָעֲדָה בְּקַלּוּת. ______________

ו. כְּתֹב בִּשְׁתֵּי מִלִּים:

1. צִוּוּנִי ______________
2. הִשִּׂיגַתְנִי ______________

ז. חַלֵּק לַהֲבָרוֹת, צַיֵּן אֶת הַטַּעַם וְנַקֵּד:

אנחנו מקוים להיות חפשיים בארץ ציון, ירושלים.

____

____

שעור נ"ה

א. הַשְׁלֵם אֶת הַטַּבְלָה:

שרש	פנה	חלה	פנה	חלה	פנה	זכה
גוף	אתם	אתם	את	את	אתה	אתה
זמן	עבר	עבר	הווה	הווה	צווי	צווי
פָּעל						
נפעל						---
פִּעל						
פֻּעל					---	---
התפעל						
הפעיל						---
הֻפעל					---	---

ב. הַעְתֵּק וּפָרֵק אֶת כָּל הַסְּמִיכוּיוֹת בְּ"תָם":

1. ______________ ______________________________
2. ______________ ______________________________
3. ______________ ______________________________
4. ______________ ______________________________
5. ______________ ______________________________
6. ______________ ______________________________

ג. כְּתֹב מֵחָדָשׁ, בְּעֶזְרַת אָמְנָם, בֶּאֱמֶת, אֲבָל, וְ-אַף לְמַעֲשֶׂה:

1. גּוֹרַל הָ"רָשָׁע" הוּא לֹא לְהִגָּאֵל. הָ"רָשָׁע" בַּשִּׁיר אֵינֶנּוּ נִגְאָל.

____

2. הָ"רָשָׁע" מוֹצִיא אֶת עַצְמוֹ מִן הַכְּלָל. דִּינוֹ נִגְזָר יַחַד עִם כְּלַל יִשְׂרָאֵל.

____

3. הָ"רָשָׁע" נֶדַר לִהְיוֹת אַכְזָר. הַמַּרְאוֹת הַנּוֹרָאִים מַכְאִיבִים לוֹ.

____

ד. הַשְׁלֵם בְּמִלּוֹת הַיַּחַס הַמֻּצְרָכוֹת:

1. אֵיפֹה הָיִיתָ כָּל הָעֶרֶב? אֵינֶנִּי כּוֹעֵס ________, אֲבָל דָּאַגְתִּי ________!

2. אֲנִי מִסְתַּכֵּל ________ צִיּוּרִים שֶׁלּוֹ, וּמִתְרַגֵּשׁ ________.

3. אֲנִי עָסוּק עַכְשָׁו. אַל תַּפְרִיעוּ ________, בְּבַקָּשָׁה.

4. לֹא שָׁמַעְתָּ מַה הוּא אָמַר, כִּי לֹא הִקְשַׁבְתָּ ________ דְּבָרָיו.

5. הִיא כָּל כָּךְ לֹא מְסֻדֶּרֶת! לִפְעָמִים אֲנִי כּוֹעֵס ________, וְלִפְעָמִים אֲנִי מְרַחֵם ________.

6. הוּא אוֹהֵב ________ מְאֹד; הוּא הִתְאַהֵב ________ בְּמַבָּט רִאשׁוֹן.

7. לָמָּה אֵינְךָ עוֹנֶה ________? אֲנִי מְדַבֵּר ________!

ה. כֵּיצַד דּוֹמֶה שִׁיר הַ"תָּם" לְאַרְבַּע הַקּוּשְׁיוֹת, וְכֵיצַד הוּא שׁוֹנֶה?

____

____

____

____

____

____

____

____

____

____

____

בדוק וודא שאין שגיאות בדקדוק

שֵׁם: ________________

א. הַשְׁלֵם אֶת הַטַבְלָה:

שרש	ילד	ירה	ילד	ירה	ילד	ילד
גוף	אני	אני	אנחנו	אנחנו	היא	---
זמן	עבר	עבר	הווה	הווה	עתיד	שם פועל
פָּעַל						
נפעל						
פִּעֵל		---		---		
פֻּעַל						---
התפעל		---		---		
הפעיל						
הֻפְעַל		---		---		---

ב. סַמֵּן אֶת הָאֶפְשָׁרוּת הַבִּלְתִּי מַתְאִימָה:

1. הוּא הָיָה *בַּעַל* כִּשְׁרוֹנוֹת.

א. לְלֹא

ב. רַב

ג. בִּלְתִּי

ד. חָסֵר

2. הִיא לֹא *זָזָה* מֵהַמָּקוֹם.

א. קָמָה

ב. בִּקְרָה

ג. יָצְאָה

ד. נָפְלָה

3. אֲנִי מוּכָן *לְהִלָּחֵם* בְּעַד הַמַּטָּרָה.

א. לְשַׁלֵּם

ב. לָמוּת

ג. לְהַאֲמִין

ד. לַעֲבֹד

4. *הִסְתַּכַּלְתִּי* בַּבְּחִינָה שֶׁלִּי.

א. סִיַּמְתִּי

ב. הִצְלַחְתִּי

ג. נִכְשַׁלְתִּי

ד. הִצְטַיַּנְתִּי

ג. הַשְׁלֵם בְּשֵׁם עֶצֶם מַתְאִים:

1. מֵרֹב ___________, דִּמְעוֹת הָ"רָשָׁע" יָבְשׁוּ.

2. הַתִּינֹקֶת מְשַׁוַּעַת לָמוּת, מֵרֹב ___________.

3. גּוּפוֹ שֶׁל הַתִּינוֹק כָּחוּשׁ, מֵרֹב ___________.

4. מֵרֹב ___________, פָּנָיו שֶׁל צֶמַח נַעֲשׂוּ אֲדֻמִּים.

ד. חַבֵּר לְמִשְׁפָּט אֶחָד:

1. *הַמַּרְאוֹת* מְעֻרְפָּלִים. הַ"תָּם" רוֹאֶה *אֶת הַמַּרְאוֹת*

____

2. *הַצְּלָלִים* מִתְאָרְכִים עִם שְׁקִיעַת הַשֶּׁמֶשׁ. הַ"תָּם" רוֹאֶה *כַּצְּלָלִים* רְפָאִים.

____

3. *עֵינָיו* שֶׁל הַ"תָּם" נְשׂוּאוֹת לַשָּׁמַיִם. זִכְרוֹנוֹת נְעִימִים נִבָּטִים *אֶל עֵינָיו*

____

ה. חַלֵּק לַהֲבָרוֹת, צַיֵּן אֶת הַטַּעַם וְנַקֵּד:

שלשת הבנים התיסרו בשאול. שנים חזרו שלמים; מה קרה לשלישי?

____

____

ו. כְּתֹב עַל הַשְּׁאוֹל שֶׁל הַ"תָּם":

____

____

____

____

____

____

____

____

____

בדוק וודא שאין שגיאות בדקדוק

שעור נ"ז

א. הַשְׁלֵם אֶת הַטַּבְלָה:

שרש	רפא	חטא	ברא	יצא	נשׂא	נוד
גוף	יחד	יחיד	יחיד	יחיד	יחיד	יחיד
זמן	הווה	הווה	הווה	הווה	הווה	הווה
פָּעל						
נפעל		---		---		---
פִּעל						---
פֻּעל						
התפעל			---	---		
הפעיל	--					
הֻפעל			---			

ב. כְּתֹב מֵחָדָשׁ בְּעֶזְרַת בִּטּוּיִים, הַכּוֹלְלִים אֶת הַמִּלָּה לֵב:

1. בַּיָּמִים הָאַחֲרוֹנִים, הוּא כּוֹעֵס מְאֹד.

____

2. "זֶה לֹא חָשׁוּב", הוּא חָשַׁב.

____

3. הִיא אַף פַּעַם לֹא אָמְרָה מַה שֶּׁהִיא מַרְגִּישָׁה.

____

4. נִשְׁאַרְתִּי עוֹמֵד מֻדְאָג מְאֹד בְּפִנַּת הָרְחוֹב.

____

5. זֶה אִישׁ רַע וַחֲסַר רַחֲמִים.

____

ג. כְּתֹב מֵחָדָשׁ בְּעֶזְרַת יֵשׁ אוֹ עַל:

1. אֲנַחְנוּ צְרִיכִים לִכְתֹּב לְלֹא שְׁגִיאוֹת. ___________________
2. הֵם חַיָּבִים לִהְיוֹת נֶאֱמָנִים לְעַצְמָם. ___________________
3. צָרִיךְ לַחְשֹׁב לִפְנֵי שֶׁמְּדַבְּרִים. ___________________

ד. חַבֵּר לְמִשְׁפָּט אֶחָד, בְּעֶזְרַת אָמְנָם, בֶּאֱמֶת, אֲבָל וְ-אַף לְמַעֲשֶׂה:

1. הָאָב צָרִיךְ לִפְתֹּחַ לַבָּנִים שֶׁמִּתְקַשִּׁים לִשְׁאֹל. הָאָב בַּשִּׁיר אֵינוֹ פּוֹתֵחַ.

2. הָ"רָשָׁע" צָרִיךְ לִהְיוֹת הַשֵּׁנִי שֶׁשּׁוֹאֵל. הוּא מוֹפִיעַ שֵׁנִי בַּשִּׁיר.

3. הֶ"חָכָם" הוּא הַבֵּן הָאִידֵיאָלִי. הָאָב אוֹהֵב אוֹתוֹ בִּמְיֻחָד.

4. הַמְּשׁוֹרֶרֶת מַקְפִּידָה עַל סֵדֶר רַב בַּשִּׁיר. הִיא שׁוֹבֶרֶת אֶת הַסֵּדֶר הַמָּסָרְתִּי.

ה. מְחַק אֶת הָאֶפְשָׁרוּת הַבִּלְתִּי נְכוֹנָה:

1. בַּחֵלֶק הָאַחֲרוֹן נִרְאֶה (כְּמוֹ שֶׁ-/כְּאִלּוּ) הָאָב מִתְאַבֵּל עַל הַבֵּן.
2. הָאָב מַבִּיט בְּעֵינֵי הֶ"חָכָם" (כמו ש-/כאילו) הַבָּנִים הָאֲחֵרִים הִבִּיטוּ בַּמַּרְאוֹת הַנּוֹרָאִים.
3. הָאָב כּוֹרֵעַ עַל בִּרְכָּיו (כמו ש-/כאילו) בְּנֵי אָדָם כּוֹרְעִים לִפְנֵי אֱלֹהִים.
4. הָאָב כּוֹרֵעַ עַל בִּרְכָּיו (כמו ש-/כאילו) הוּא חָלָשׁ מְאֹד.

ו. מָה רוֹאֶה הָאָב בְּעֵינֵי הַבֵּן הֶחָכָם?

בדוק וודא שאין שגיאות בדקדוק

שֵׁם: ____________________

א. הַשְׁלֵם אֶת הַטַּבְלָה:

בנין	שרש	זמן	גוף	צורה	שם הפועל
				קֻוָּה	
נפעל	זעם	הווה	רבות		
				תֵּאֵר	
הפעיל	נבט	צווי	את		
				מְדֻיָּק	---
התפעל	עור	עבר	הוא		

ב. סַמֵּן בְּעִגּוּל אֶת הָאֶפְשָׁרוּת הַבִּלְתִּי מַתְאִימָה:

1. הוּא *קִוָּה* אֶת הַמְּכוֹנִית

א. רָאָה

ב. נָגַע

ג. אָהַב

ד. צָבַע

2. הִיא *הִתְעַנְיְנָה* בַּבָּחוּר.

א. טִפְּלָה

ב. הִתְאַהֲבָה

ג. פָּגְעָה

ד. חָלְמָה

3. צֶמַח *הִבִּיט* בַּצִּיּוּרִים.

א. הִסְתַּכֵּל

ב. נִרְגַּשׁ

ג. זִלְזֵל

ד. הִתְעַנְיֵן

4. מַה הוּא *אָמַר* לְךָ?

א. לָחַשׁ

ב. הִבְטִיחַ

ג. דִּבֵּר

ד. סִפֵּר

5. *רִחַמְתִּי* עָלָיו.

א. כָּעַסְתִּי

ב. מָרַדְתִּי

ג. צָעַקְתִּי

ד. חָרַדְתִּי

6. הוּא *מְחַכֶּה* לַבֵּן הֶחָבִיב עָלָיו.

א. מִתְאַבֵּל

ב. מַקְשִׁיב

ג. דּוֹאֵג

ד. עוֹזֵר

ד. כְּתֹב מֵחָדָשׁ בְּעֶזְרַת מְשָׂא פְּנִימִי:

1. "שֶׁאֵינוֹ יוֹדֵעַ לִשְׁאֹל" שָׁאַל בַּאֲרִיכוּת.

____

2. הָ"רָשָׁע" כָּעַס מְאֹד.

____

3. הַ"תָּם" סָבַל יוֹתֵר מִשְּׁנֵיהֶם.

____

ה. הַשְׁלֵם אֶת מִשְׁפְּטֵי הַתְּנַאי הַבָּאִים:

1. אִלּוּ כַּנְּסֵי הֶעָרִים הִמְשִׁיכוּ לִדְלֹק, ______________________________

2. אִם הוּא יִרְאֶה טְלָלִים עַל עָנָף, ______________________________

3. לוּלֵא הָיוּ הַגַּנִּים אֲפֵלִים, ______________________________

4. אִם הַ"תָּם" יַחֲזֹר מֵהַשְּׁאוֹל, ______________________________

ו. צָרֵף לִסְמִיכוּת, וּכְתֹב בְּרַבִּים:

1. הָעַיִן הַמֵּתָה שֶׁל הַבֵּן אֵינֶנָּה יְכוֹלָה לִרְאוֹת.

____

2. הַבָּרִיחַ הַכָּבֵד שֶׁל הַדֶּלֶת נִסְגַּר.

____

א. שַׁנֵּה אֶת הַמִּשְׁפָּט הַשֵּׁנִי, וְאַחַר כָּךְ חַבֵּר לְמִשְׁפָּט מֻרְכָּב:

1. הַגּוֹזָל הוּא *הַמְּשׁוֹרֵר*. הַשְּׁכִינָה מְכַסָּה *עַל הַמְּשׁוֹרֵר* בִּכְנָפֶיהָ.

____

____

2. *הַזָּוִיּוֹת* נִמְצָאוֹת בָּעוֹלָם הַחִלּוֹנִי. הַשְּׁכִינָה נִתְגָּרְשָׁה *מֵהַזָּוִיּוֹת*

____

____

3. הַחַלּוֹן פָּתוּחַ אֶל *הָעוֹלָם הֶחָדָשׁ*. הַמְּשׁוֹרֵר נִכְסָף *אֶל הָעוֹלָם הֶחָדָשׁ*.

____

____

4. *הַמְּשׁוֹרֵר* חוֹשֵׁב לִפְרֹחַ. הַשְּׁכִינָה שָׁבָה *בְּעַד הַמְּשׁוֹרֵר* בִּכְנָפָהּ.

____

____

5. *בְּכִיַּת הַשְּׁכִינָה* חֲרִישִׁית. הַמְּשׁוֹרֵר שׁוֹמֵעַ *בִּבְכִיָּה* תְּפִלָּה וַחֲרָדָה.

____

____

ב. הַשְׁלֵם אֶת הַמִּשְׁפָּטִים הַבָּאִים כִּרְצוֹנְךָ:

1. אִלּוּ הָיָה לִי זְמַן, ____________________
2. לוּ הָיוּ לִי כְּנָפַיִם, ____________________
3. לוּ אֶפְשָׁר הָיָה לִשְׁמֹעַ דְּמָעוֹת, ____________________
4. אִלּוּ כְּנַף הַשְּׁכִינָה הָיְתָה בְּרִיאָה, ____________________
5. לוּ נוֹתְרוּ לַשְּׁכִינָה בָּנִים נוֹסָפִים, ____________________
6. לוּלֵא הִשְׁתַּמַּשְׁתִּי בְּמִלּוֹן עִבְרִי, ____________________

ג. הַשְׁלֵם אֶת הַטַּבְלָה:

שרש	זמן	גוף	צורה ב **פעל**	צורה ב **הפעיל**
כתב	הווה	יחידה		
אכל	הווה	יחידה		
בטח	הווה	יחידה		
ראה	צווי	אתה		
קום	עתיד	אנחנו		
נוח	עתיד	אנחנו		
גיל	עתיד	אנחנו		
ברא	עבר	אני		
חטא	עבר	אני		
בוא	עבר	אני		

ד. סַמֵּן בְּעִגּוּל אֶת הַמִּלָּה הַיּוֹצֵאת דֹּפֶן, וְהַסְבֵּר מַדּוּעַ:

1. בַּלָּאט, חֶרֶשׁ, לְבַד, בְּשֶׁקֶט ____________
2. קִינָה, תְּפִלָּה, בְּכִי, דִּמְעָה ____________
3. חֲרָדָה, רִנָּה, שִׂמְחָה, שִׁירָה ____________
4. סֵתֶר, זָוִית, צָרָה, מַחֲבוֹא ____________
5. צֵל, בֹּקֶר, שֶׁמֶשׁ, אוֹר ____________

ה. חַלֵּק לַהֲבָרוֹת, צַיֵּן אֶת הַטַּעַם וְנַקֵּד (זְכֹר, בְּמִלּוֹת יַחַס אֵין טַעַם):

1. מחר יש לנו שתי בחינות קשות. ____________
2. אתמול הוא הקדים לקום. ____________
3. כתב יותר ברור! (צווי) ____________

שֵׁם: ________________

א. כְּתֹב מֵחָדָשׁ עִם צוּרוֹת שֶׁל צָרִיךְ כְּפֹעַל עֵזֶר:

1. הַגּוֹזָל נִשְׁאַר לְבַדּוֹ עִם הַשְּׁכִינָה.

____

2. הַשְּׁכִינָה נוֹתְרָה בְּזָוִית שׁוֹמֵמָה.

____

3. הַגּוֹזָלִים יָעוּפוּ בְּכֹחוֹת עַצְמָם.

____

4. הַשְּׁכִינָה מַרְאָה לַגּוֹזָל שֶׁהִיא חֲרֵדָה.

____

5. בֵּית הַמִּדְרָשׁ לֹא צָר לְמִי שֶׁשּׁוֹמֵר עַל יַהֲדוּתוֹ.

____

ב. כְּתֹב בְּמִלִּים אֶת הַמִּסְפָּרִים בְּסֻגְרַיִם:

1. בַּשִּׁיר "לְבַדִּי", יֵשׁ (6) ____________ בָּתִּים; (3) ____________ הַבָּתִּים ה-(1) ____________ מִתְרַחֲקִים מֵהָאוֹר וְהָרוּחַ שֶׁבַּשּׁוּרָה ה-(1) ____________.

2. אֶפְשָׁר לְחַלֵּק אֶת הַשִּׁיר "לְבַדִּי" לְ-(2) ____________ חֲלָקִים שָׁוִים.

3. הַמִּלָּה "תַּחַת" מוֹפִיעָה (3) ____________ פְּעָמִים בַּשִּׁיר, אִם סוֹפְרִים אֶת סוֹף הַמִּלָּה "רוֹתַחַת".

4. בְּיָאלִיק פִּרְסֵם אֶת שִׁירוֹ ה-(1) ____________ בַּשָּׁנָה ה-(18) ____________ לְחַיָּיו.

ג. כְּתֹב בְּרַבִּים:

עִיר בִּירָה הִיא, בְּדֶרֶךְ כְּלָל, מֶרְכָּז תַּרְבּוּת חָשׁוּב. בִּמְדִינָה דֶּמוֹקְרָטִית, יֵשׁ בָּהּ בֵּית נִבְחָרִים, תְּצוּגַת אֳמָנוּת וּמְקוֹם בִּדּוּר.

____

____

ד. הַשְׁלֵם בְּצוּרוֹת שֶׁל בַּעַל אוֹ חָסֵר.

1. הַשְּׁכִינָה הִיא הַדְּמוּת ____________ הַכָּנָף הַשְּׁבוּרָה.
2. הַבָּתִּים הַפְּנִימִיִּים אֲפֵלִים וְ____________ אוֹר.
3. בְּסוֹף הַשִּׁיר, תְּפִלּוֹת הַשְּׁכִינָה נִרְאוֹת כְּ____________ תִּקְוָה.

ה. בְּחַר בְּשָׁרָשִׁים מֵהַשּׁוּלַיִם, וְהַשְׁלֵם אֶת הַמִּשְׁפָּטִים בְּ הַפֹּעַל:

1. כְּשֶׁהַגּוֹזָל ____________ שֶׁהַמָּקוֹם צַר לוֹ, הוּא יִרְצֶה לִפְרֹחַ לַאֲוִיר הָעוֹלָם. (חלט)
2. הַשִּׁירָה הַחֲדָשָׁה, בָּהּ ____________ הַשִּׁיר "לְבַדִּי", הוֹפֶכֶת בְּסוֹף לְקִינָה עַתִּיקָה. (נכר)
3. קָשֶׁה לָדַעַת אִם בְּסוֹף הַגּוֹזָל ____________ לְהִשָּׁאֵר אוֹ לַעֲזֹב אֶת בֵּית הַמִּדְרָשׁ. (רגש)
4. הַמְּשׁוֹרֵר בְּ"הַכְנִיסִינִי" רוֹצֶה ____________ אֶת תְּפִלּוֹתָיו לְמָקוֹם מִבְטָחִים. (נגע)
5. תְּפִלּוֹת הַמְּשׁוֹרֵר לֹא ____________ אֶל אֱלֹהִים. (תחל)
6. הַאִם אֲנַחְנוּ ____________ אֶת הַדְּמוּת, אֵלֶיהָ פּוֹנֶה הַמְּשׁוֹרֵר בְּ"הַכְנִיסִינִי"? (בוא)

ו. כְּתֹב בִּשְׁתֵּי מִלִּים:

1. הַכְנִיסִינִי ____________
2. הֲבִיאוּנִי ____________
3. הַשְׁאִירֻנָּה ____________
4. אוֹהַבְךָ ____________

ז. עֲנֵה עַל הַשְּׁאֵלוֹת:

1. מַהִי הַדְּמוּת, אֵלֶיהָ פּוֹנֶה הַמְּשׁוֹרֵר בַּשִּׁיר "הַכְנִיסִינִי"?

____

____

2. הַשִּׁיר "הַכְנִיסִינִי" נִכְתַּב כְּ-3 שָׁנִים לְאַחַר הַשִּׁיר "לְבַדִּי". הַאִם, לְדַעְתְּךָ, אֶפְשָׁר לִרְאוֹת קֶשֶׁר בֵּין שְׁנֵי הַשִּׁירִים? אִם כֵּן, מַהוּ?

____

____

ח. הֲפֹךְ מֵחִיּוּב לִשְׁלִילָה:

1. הֵרָדְמִי בְּאֶמְצַע הַקּוֹנְצֶרְט! ____________
2. הִבָּדֵל מֵחֲבֵרֶיךָ! ____________
3. כִּלְלוּ אוֹתִי בָּרְשִׁימָה! ____________
4. נְפֹל מִן הַסּוּס! ____________
5. הַשְׁלֵם אֶת הַטַּבְלָה! ____________
6. הַפְסִיקוּ לְהִשְׁתַּמֵּשׁ בְּמִלּוֹן! ____________

ט. חַלֵּק לַהֲבָרוֹת, צַיֵּן אֶת הַטַּעַם וְנַקֵּד:

1. אין לי כח ללכת נגד הרוח.

____

2. אני שולח כרטיס "חג שׂמח".

____

י. בְּ-3-6 מִשְׁפָּטִים, תָּאֵר אֶת הַקַּוִּים הַמְשֻׁתָּפִים לִשְׁלֹשֶׁת הַבָּתִּים הַמֶּרְכָּזִיִּים בַּשִּׁיר "הַכְנִיסִינִי"

____

____

____

____

____

____

____

____

____

א. כְּתֹב מֵחָדָשׁ בְּעֶזְרַת הַמָּקוֹר:

1. הוּא הִתְאַכְזֵב, *כְּשֶׁהוּא הִגִּיעַ* לְבַסּוֹף אֶל הָאוֹר שֶׁבַּחוּץ.

____

2. הוּא מְקַוֶּה לִמְצֹא נֶחָמָה, *כְּשֶׁהוּא יִכָּנֵס* אֶל מִתַּחַת לַכָּנָף.

____

3. לֹא הָיוּ לוֹ נְעוּרִים, *כְּשֶׁהוּא הָיָה נַעַר*.

____

ב. מְחַק אֶת הַמִּלָּה הַבִּלְתִּי מַתְאִימָה:

1. הַלִּיטָאִי נִשְׁאַר (לְבַדּוֹ/בְּעַצְמוֹ) עִם הַצַּדִּיק בַּחֲדַר הַשֵּׁנָה.
2. הַלִּיטָאִי רָצָה לְהִוָּכַח (לְבַדּוֹ/בְּעַצְמוֹ) שֶׁהַצַּדִּיק אֵינֶנּוּ אִישׁ קָדוֹשׁ.
3. הַצַּדִּיק (לְבַדּוֹ/בְּעַצְמוֹ) חָטַב עֵצִים בִּשְׁבִיל הָאִשָּׁה.
4. הָאִשָּׁה הַחוֹלָנִית הָיְתָה (לְבַדָּהּ/בְּעַצְמָהּ) בְּבֵיתָהּ הָרָעוּעַ.
5. כְּשֶׁהַצַּדִּיק נֶעֱלַם, הַחֲסִידִים הִרְגִּישׁוּ שֶׁהֵם נוֹתְרוּ (לְבַדָּם/בְּעַצְמָם).

ג. סַמֵּן בְּעִגּוּל אֶת הַמִּלָּה הַיּוֹצֵאת דֹּפֶן, וְהַסְבֵּר מַדּוּעַ:

1. סוֹד, סִפּוּר, מַחֲבוֹא, רָז ______________________
2. נְעוּרִים, אַהֲבָה, בֹּקֶר, הַתְחָלָה ______________________
3. כּוֹכָב, צִפּוֹר, קֵן, גּוֹזָל ______________________
4. נִדָּח, עָצוּב, עָזוּב, נִשְׁכָּח ______________________
5. עוֹנָה, תְּקוּפָה, עֵת, דָּבָר ______________________
6. לְגַלּוֹת, לְהִתְוַדּוֹת, לְהָאִיר, לְכַסּוֹת ______________________
7. לִשְׁחוֹת, לְהַגְדִּיל, לְהִתְכּוֹפֵף, לְהִצְטַמְצֵם ______________________

ד. סַמֵּן בְּעִגּוּל אֶת הַבִּטּוּי הַמַּקְבִּיל לַמִּלִּים הַמְּבֻלָּטוֹת:

1. *מְבֻקָּשׁוֹ נִתַּן לוֹ.*
א. הוּא בִּקֵּשׁ אֶת מַה שֶּׁהוּא רָצָה
ב. הוּא נָתַן אֶת מַה שֶּׁהוּא רָצָה
ג. הוּא קִבֵּל אֶת מַה שֶּׁהוּא רָצָה

2. הִיא חָרְדָה עַל *יְחִידָהּ.*
א. הָאֶחָד שֶׁלָּהּ
ב. הָאַחַת
ג. דָּבָר מְיֻחָד

3. *יָדַע לִבִּי אֶת לִבָּהּ.*
א. הֵבַנְתִּי מַה הִיא מַרְגִּישָׁה
ב. אָהַבְתִּי אוֹתָהּ
ג. יָדַעְתִּי שֶׁהִיא עֲצוּבָה

4. *לְבָבִי כָּלָה לָאוֹר.*
א. הִתְמַלֵּא בָּאוֹר
ב. רָחַק מֵהָאוֹר
ג. הִתְגַּעְגֵּעַ לָאוֹר

5. בֵּין הַשְּׁמָשׁוֹת הִיא *שְׁעַת רַחֲמִים.*
א. זְמַן שֶׁבּוֹ אֱלֹהִים שׁוֹמֵעַ תְּפִלּוֹת
ב. שָׁעָה טוֹבָה לְגַלּוֹת סוֹדוֹת
ג. תְּקוּפַת שָׁרָב

6. *בָּתֵּי הַמִּסְגֶּרֶת* זֵהִים.
א. הַבָּתִּים בָּהֶם הַשִּׁיר נִגְמָר
ב. הַבָּתִּים הַחִיצוֹנִיִּים
ג. הַבָּתִּים הַמֶּרְכָּזִיִּים

שֵׁם: ____________

א. הֲפֹךְ מֵרַבִּים לְיָחִיד:

1. דִּמְעוֹת הַשְּׁכִינָה רוֹתְחוֹת בְּבָתֵּי הַמִּדְרָשׁ הָאֲפֵלִים.

____

2. כַּנְפֵי הַשְּׁכִינָה הַשְּׁבוּרוֹת שָׁכוֹת עַל דַּפֵּי גְּמָרָא.

____

3. שִׁירֵי קִינָה עַתִּיקִים נִשְׁמָעִים בִּימֵי חָרְבַּן יְרוּשָׁלַיִם בִּקְהִלּוֹת יִשְׂרָאֵל.

____

ב. הַשְׁלֵם אֶת הַטַּבְלָה:

שרש	בנין	זמן	גוף	צורה	שם הפעל
				תַּעֲלִי	
				תָּבִיאִי	
				תָּשִׁירִי	
				תַּשִּׂיאִי	
				הַרְאִי	
				הַשְׁאִירִי	
				הִוָּתְרִי	
				הוֹתִירִי	

ג. סַמֵּן בְּעִגּוּל אֶת הַמִּלָּה הַיּוֹצֵאת דֹּפֶן:

1. סִיּוּם, גֶּמֶר, סוֹף, רֵאשִׁית ____________

2. כְּעֵין, כְּאַחַת, כְּדֻגְמַת, כְּגוֹן ____________

3. יֶלֶד, בֵּן, צִפּוֹר, גּוֹזָל ____________

4. לָקַח, נָסַע, נָשָׂא, סָחַף ____________

5. שׁוֹמֵם, שָׁבוּר, בּוֹדֵד, לְבַד ____________

6. לְהִוָּכַח, לְהִשָּׁאֵר, לְהֵעָזֵב, לְהִוָּתֵר ____________

ד. הֲפֹךְ מִפָּעִיל לְסָבִיל:

1. הִזְמַנְתִּי אוֹתוֹ לְקוֹנְצֶרְט. __________
2. אַתָּה מַנְצִיחַ אֶת הַתְּקוּפָה. __________
3. תַּבְרִיחִי אֶת הַצִּפֳּרִים. __________
4. מָה הוּא הִסְתִּיר מִמֶּנָּה? __________
5. הִיא תַּכְנִיס אֶת הַגּוֹזָל לַקֵּן. __________
6. הִפְחַדְנוּ אֶתְכֶם? __________
7. תַּדְרִיכוּ אוֹתָנוּ בִּקְרִיאָה. __________
8. מִי מַכְעִיס אוֹתָהּ? __________

ה. כְּתֹב מֵחָדָשׁ בְּעֶזְרַת כִּנּוּיִים סְתָמִיִּים (מִי שֶׁ-/מָה שֶׁ-):

1. *אֲנָשִׁים*, שֶׁכּוֹתְבִים סִפְרוּת יָפָה, נִקְרָאִים סוֹפְרִים.

____

2. עַגְנוֹן הִכְנִיס לְסִפּוּרָיו אֶת כָּל *הַיְדִיעוֹת*, שֶׁהוּא לָמַד עַל הֲוֵי הַחַיִּים הַיְּהוּדִי.

____

3. *הַסִּפְרוּת*, שֶׁעַגְנוֹן כָּתַב, מַנְצִיחָה אֶת הֲוֵי הַחַיִּים הַיִּרְאִי בְּרֵאשִׁית הַמֵּאָה.

____

4. כָּל *אָדָם*, שֶׁקָּרָא אֶת עַגְנוֹן בְּעִבְרִית, יוֹדֵעַ מַדּוּעַ קָשֶׁה לְתַרְגֵּם אֶת יְצִירוֹתָיו.

____

5. פְּרַס-נוֹבֶּל נִתָּן *לְסוֹפְרִים*, שֶׁכּוֹתְבִים יְצִירוֹת בַּעֲלוֹת עֵרֶךְ אֱנוֹשִׁי רַב.

____

6. אַל תְּסַפֵּר לְאַף אֶחָד אֶת *הַסּוֹד* שֶׁגִּלִּיתִי לְךָ.

____

7. כָּל *אִשָּׁה*, שֶׁתֵּלֵד עֲשָׂרָה יְלָדִים, תְּקַבֵּל פְּרָס מֵרֹאשׁ הַמֶּמְשָׁלָה.

____

שֵׁם: ___________

א. בְּחַר שָׁרָשִׁים מֵהַשּׁוּלַיִם, וְהַשְׁלֵם אֶת הַמִּשְׁפָּטִים בְּ הִפְעִיל:

1. הוּא יָצָא מֵהַבַּיִת מֻקְדָּם, כְּדֵי ______ לַהַרְצָאָה בַּזְּמַן. (בוא)
2. אֶתְמוֹל ______ לָקוּם, כִּי הָיָה לִי שִׁעוּר בְּ-8 בַּבֹּקֶר. (נגע)
3. כְּשֶׁהֵם חוֹזְרִים מֵאַרְהָ"ב, הֵם ______ לָנוּ דְּרִישַׁת שָׁלוֹם מֵהַקְּרוֹבִים שָׁם. (בין)
4. הַמִּתְנַגֵּד לָעַג לַחֲסִידִים, כִּי הֵם ______ שֶׁהָרַבִּי עוֹלֶה לַשָּׁמַיִם. (ראה)
5. הַצַּדִּיק ______ מֵהָאָרוֹן בִּגְדֵי אִכָּר, וְלָבַשׁ אוֹתָם. (שכם)
6. הִיא מֻכְשֶׁרֶת מְאֹד. לִפְנֵי שָׁבוּעַ הִיא ______ לָנוּ אֶת הַצִּיּוּרִים שֶׁלָּהּ. (אמן)
7. הוּא מְדַבֵּר שָׁלֹשׁ שָׂפוֹת, וּ______ שְׁתַּיִם נוֹסָפוֹת. (יצא)

ב. כְּתֹב מֵחָדָשׁ בְּעֶזְרַת בִּנּוּיִים סְתָמִיִּים (מִי שֶׁ-/מַה שֶּׁ-):

1. *אָדָם*, שֶׁמַּקְפִּיד בְּמִצְווֹת, נִקְרָא יְהוּדִי חָרֵד.

____

2. הָאִשָּׁה אֵינֶנָּה רוֹצָה לָשֶׁבֶת עִם *אֲנָשִׁים*, שֶׁעוֹסְקִים בְּלָשׁוֹן הָרָע.

____

3. הִיא יוֹדַעַת אֶת כָּל *הַסִּפּוּרִים וְהָאַגָּדוֹת*, שֶׁכְּתוּבִים בִּ"צְאֶינָה וּרְאֶינָה".

____

4. מֹשֶׁה רַבֵּינוּ אֵינוֹ מֵבִין אֶת *הַמַּחְשָׁבוֹת*, שֶׁהִיא חוֹשֶׁבֶת.

____

5. הַשְּׁכִינָה שְׁרוּיָה אֵצֶל *יְהוּדִים*, שֶׁשּׁוֹמְרִים מִצְווֹת.

____

6. *אֲנָשִׁים*, שֶׁעוֹסְקִים בְּלָשׁוֹן הָרָע, חוֹטְאִים.

____

ג. כְּתֹב בִּשְׁתֵּי מִלִּים אֶת הַמִּלִּים הַמֻּבְלָטוֹת:

1. *הֲשִׁיבֵנוּ* אֵלֶיךָ! ______________
2. *תִּשְׁמְרֵיהוּ* מִכָּל רָע. ______________
3. הוּא *יַשְׂבִּיעֵנוּ* מִכָּל טוּב. ______________

ד. הַשְׁלֵם בְּעֶזְרַת צוּרוֹת שֶׁל אוֹתוֹ וּבְשֵׁם עֶצֶם מַתְאִים:

1. הַמִּלִּים "רוּחַ", "אוֹר" וּ"שְׁכִינָה" מוֹפִיעוֹת בְּ______ ______ בַּשִּׁיר "לְבַדִּי".
2. הַגּוֹזָל רוֹצֶה לַחֲזוֹר לְ______ ______, שֶׁמִּמֶּנּוּ הוּא פָּרַח.
3. שְׁנֵינוּ לוֹמְדִים אֵצֶל ______ ______.
4. אֲנִי אוֹהֵב לִשְׁמֹעַ אֶת ______ ______ שׁוּב וָשׁוּב.
5. כֻּלָּנוּ נוֹלַדְנוּ בְּ______ ______.
6. "אִם לֹא לְמַעְלָה מִזֶּה" וּ"כְּנֶגֶד אוֹתָם ..." עוֹסְקִים כִּמְעַט בְּ______ ______:
שְׁמִירַת מִצְווֹת בְּדֶרֶךְ מְיֻחֶדֶת.

ה. סִכּוּם (5-10 מִשְׁפָּטִים). כְּתֹב בְּעִבְרִית מוֹדֶרְנִית אֶת תֹּכֶן חֵלֶק א בִּ"כְנֶגֶד אוֹתָם..."

____

____

____

____

____

____

____

____

____

א. הַשְׁלֵם אֶת מִשְׁפְּטֵי הַתְּנַאי הַבָּאִים כִּרְצוֹנְךָ:

1. אִם נִגְמֹר אֶת הַשִּׁיר הַשָּׁבוּעַ, ______________
2. אִלּוּ הַמְּשׁוֹרֵר הֵבִין אֶת הַשְּׁכִינָה בֶּאֱמֶת, ______________
3. לוּ יָדַעְתִּי מָתַי יוֹם הַהֻלֶּדֶת שֶׁלְּךָ, ______________
4. אִם נַצְלִיחַ בִּבְחִינַת הַבֵּינַיִם, ______________
5. אִם תְּחַכִּי לִי בַּקָּפֶטֶרְיָה, ______________
6. לוּלֵא נִכְנַסְנוּ לַשִּׁעוּר בַּזְּמַן, ______________

ב. כְּתֹב אֶת הַ הֵפֶךְ מֵהַבִּטּוּיִים הַמֻּבְלָטִים:

1. הֵם נוֹהֲגִים *בְּקַלּוּת רֹאשׁ*. ______________
2. *מֻתָּר* לַעֲבֹד בְּשַׁבָּת. ______________
3. *סִיַּמְתִּי* אֶת תְּפִלּוֹתַי. ______________
4. טוֹב לַעֲסֹק *בִּדְבָרִים בְּטֵלִים*. ______________
5. הִיא *נִכְנְסָה לְבֵיתָהּ*. ______________
6. הוּא *קִדֵּשׁ* אֶת הַמָּקוֹם. ______________
7. הַשְּׁכִינָה *שְׁרוּיָה עַל* הַבַּיִת. ______________

ג. כְּתֹב עִם סְמִיכוּיוֹת:

1. עַגְנוֹן לָמַד פִילוֹסוֹפְיָה, בְּהַדְרָכָה מֵאָבִיו.

____

2. הַלָּשׁוֹן שֶׁל עַגְנוֹן הִיא הַסִּכּוּם שֶׁל הָעִבְרִית מִכָּל הַדּוֹרוֹת.

____

3. הַיְּצִירוֹת שֶׁל עַגְנוֹן מְשַׁקְּפוֹת אֶת הַחַיִּים שֶׁל הַיְּהוּדִים.

____

4. כַּמָּה מִיצִירוֹתָיו שֶׁל עַגְנוֹן כְּתוּבוֹת בְּסִגְנוֹן שֶׁל סִפּוּרִים מָסָרְתִּיִּים לָעָם.

____

שֵׁם: ______________

ד. כְּתֹב בְּדִבּוּר עָקִיף:

1. הִיא שׁוֹאֶלֶת: "מֻתָּר לַעֲבֹד בְּשַׁבָּת?"

____

2. הוּא אוֹמֵר: "אָסוּר לַעֲבֹד בְּשַׁבָּת."

____

3. הִיא שׁוֹאֶלֶת: "מַה טּוֹב לַעֲשׂוֹת בְּשַׁבָּת?"

____

4. הוּא אוֹמֵר לָהּ: "לְכִי אֶל הַשְּׁכֵנוֹת!"

____

ה. הַשְׁלֵם אֶת הַטַּבְלָה:

שרש	בנין	זמן	גוף	צורה	שם פעל
רגש	פָּעל	הווה	יחיד		
רגש	נפעל	הווה	יחיד		
רגש	הפעיל	הווה	יחיד		
רגש	הָפעל	הווה	יחיד		
אכל	פֻּעל	עבר	הוא		
אכל	נפעל	עבר	הוא		
אכל	הפעיל	עבר	הוא		
אכל	הָפעל	עבר	הוא		

ו. כְּתֹב אֶת הַצּוּרָה הַמְּלֵאָה, מִבְּלִי לְשַׁנּוֹת אֶת הַזְּמַן!

1. וִיהִי חֵיקֵךְ ______________

2. וַאֲגַל לָךְ ______________

ז. כְּתֹב בְּעֶזְרַת צוּרוֹת שֶׁל אוֹתוֹ וְשֵׁם עֶצֶם מַתְאִים:

1. מֹשֶׁה רַבֵּינוּ חָזַר לְ________ ________ שֶׁבָּהּ גָּרָה הָאִשָּׁה.
2. הָאִשָּׁה יָשְׁבָה עִם ________ ________ שֶׁאֶצְלָן הִיא לֹא רָצְתָה לָשֶׁבֶת בַּשַּׁבָּת הַקּוֹדֶמֶת.
3. לָנוּחַ, זֶה לֹא ________ ________ כְּמוֹ לְהִתְבַּטֵּל.
4. לִפְעָמִים אֲנַחְנוּ לוֹמְדִים שְׁלֹשָׁה נוֹשְׂאִים שׁוֹנִים בְּ________ ________.

ח. חַלֵּק לַהֲבָרוֹת, צַיֵּן אֶת הַטַּעַם וְנַקֵּד:

1. סופרים ידועים זוכים לקהל גדול של קוראים.

____

2. האיש עושׂה את רצון ילדיו.

____

ט. סִכּוּם (5-10 מִשְׁפָּטִים). כְּתֹב בְּמִלִּים מִשֶּׁלְּךָ אֶת הַחֵלֶק הַשֵּׁנִי בְּ"כְּנֶגֶד אוֹתָם . . ."

____

____

____

____

____

____

____

____

א. כְּתֹב בְּעֶזְרַת צוּרוֹת שֶׁל יָכוֹל כְּפֹעַל עֵזֶר:

1. הִיא טוֹוָה בְּבֵיתָהּ בְּשַׁבָּת. ______________
2. הוּא יִמְצָא אוֹתָהּ בְּבֵיתָהּ. ______________
3. נִכְנַסְתֶּם לְבֵית הָאִשָּׁה. ______________
4. הוּא אָמַר לָהּ לָלֶכֶת אֶל שְׁכֵנוֹתֶיהָ. ______________
5. הִיא תַּנִּיחַ אֶת מְלַאכְתָּהּ. ______________
6. הֵן יָשְׁבוּ וְעָסְקוּ בְּדִבְרֵי שְׁטוּת. ______________

ב. הַשְׁלֵם בְּעֶזְרַת הַמָּקוֹר:

1. הָאִשָּׁה טָוְתָה, לַמְרוֹת שֶׁ______________ אֲסוּרָה בְּשַׁבָּת.
2. הָאִשָּׁה סִיְּמָה אֶת הַ______________ בְּפָרָשַׁת הַשָּׁבוּעַ.
3. צָרִיךְ לְהִזָּהֵר שֶׁלֹּא לִקְבֹּעַ ______________ לְמַטְרַת שִׂיחוֹת בְּטֵלוֹת.

ג. כְּתֹב בְּמִלִּים אֶת הַמִּסְפָּרִים בְּסָגְרַיִם:

בַּשַּׁבָּת הַ-(1) ______________, מֹשֶׁה מָצָא אֶת הָאִשָּׁה טוֹוָה; בְּשַׁבָּת (2) ______________, הוּא מָצָא אוֹתָהּ עוֹסֶקֶת בְּדִבְרֵי שְׁטוּת עִם שְׁכֵנוֹתֶיהָ. בַּ-(2) ______________ הַפְּעָמִים הוּא אָמַר לָהּ לֹא לְהַמְשִׁיךְ בְּמַעֲשֶׂיהָ; וּבְכָל (1) ______________ מֵהַפְּעָמִים, הָאִשָּׁה עָשְׂתָה כִּדְבָרָיו.

ד. הֲפֹךְ מִפָּעִיל לְסָבִיל:

1. הִיא טָוְתָה חוּטִים. ______________
2. הוּא יִקְנֶה לָהּ מַחֲרֹזֶת. ______________
3. נָתַתָּ לָנוּ אֶת הַשַּׁבָּת. ______________
4. הוֹסַפְתְּ לָנוּ שְׁנֵי תַּרְגִּילִים. ______________
5. הִסְבַּרְתֶּם לָנוּ אֶת הַמַּצָּב. ______________
6. אֲנִי אַבְרִיחַ אוֹתוֹ לָבוֹא. ______________
7. מִי הִזְמִין אוֹתָם? ______________

שֵׁם: ______________

ה. כְּתֹב בְּדִבּוּר עָקִיף:

1. הוּא שָׁאַל אוֹתָהּ: "אַתְּ צְרִיכָה עֵצִים לְחִמּוּם?"

____

2. הִיא עָנְתָה: "אֵין לִי כֶּסֶף לִקְנוֹת עֵצִים."

____

3. הוּא אָמַר לָהּ: "אֲנִי אֶמְכֹּר לָךְ בְּהַקָּפָה."

____

4. הִיא עָנְתָה: "גַּם בֶּעָתִיד לֹא אוּכַל לְשַׁלֵּם לְךָ."

____

5. הוּא אָמַר לָהּ: "בִּטְחִי בֶּאֱלֹהַיִךְ!"

____

ו. מְחַק אֶת הַמִּלָּה הַלֹּא מַתְאִימָה:

1. עַגְנוֹן כָּתַב עַל חַיֵּי הַיְּהוּדִים בַּגּוֹלָה, גַּם כַּאֲשֶׁר הוּא (לְבַדּוֹ/בְּעַצְמוֹ) חַי בְּיִשְׂרָאֵל.
2. בְּיִשְׂרָאֵל יֵשׁ פְּרָס לְסִפְרוּת עַל שֵׁם בְּיָאלִיק; אֲבָל בְּיָאלִיק (לְבַדּוֹ/בְּעַצְמוֹ) לֹא זָכָה בּוֹ ...
3. מִכָּל הַסּוֹפְרִים הָעִבְרִיִּים, עַגְנוֹן (לְבַדּוֹ/בְּעַצְמוֹ) זָכָה בִּפְרַס-נוֹבֵּל לְסִפְרוּת.

ז. חַלֵּק לַהֲבָרוֹת, צַיֵּן אֶת הַטַּעַם וְנַקֵּד:

1. יש בחדרי ארבעה ארונות בגדים.

____

2. אין פה כלים שבורים.

____

ו. חִבּוּר (5-10 מִשְׁפָּטִים). מַדּוּעַ אָמְרוּ הַחֲכָמִים, שֶׁהַסִּפּוּר קָרָה בְּרֹאשׁ חֹדֶשׁ וְלֹא בְּשַׁבָּת? הַאִם הֵם אָמְרוּ שֶׁהַסִּפּוּר לֹא נָכוֹן?

א. סַמֵּן בְּעִגּוּל אֶת הַמִּלָּה הַיּוֹצֵאת דֹּפֶן, וְהַסְבֵּר מַדּוּעַ:

1. סִפּוּר, בְּדִיחָה, מַעֲשֶׂה, אַגָּדָה ____________
2. תִּקְוָה, תְּפִלָּה, בְּרָכָה, קִדּוּשׁ ____________
3. רֵיק, רָע, בָּטֵל, שְׁטוּתִי ____________
4. שׁוֹכֵן, שׁוֹרֶה, חַי, גָּר ____________
5. טְוִיָּה, קְרִיאָה, בְּנִיָּה, מְלָאכָה ____________
6. חִלּוּל, חָלִיל, חֹל, חִלּוֹנִיּוּת ____________
7. לְסַלֵּק, לַעֲזֹב, לְגָרֵשׁ, לְהַדִּיחַ ____________

ב. מְחַק אֶת הַמִּלָּה הַלֹּא נְכוֹנָה:

1. הָאִשָּׁה לֹא שָׁמְרָה אֶת הַשַּׁבָּת, (אֲבָל/אֶלָּא) הַשְּׁכִינָה שָׁרְתָה עַל בֵּיתָהּ.
2. הַשְּׁכִינָה לֹא נִסְתַּלְּקָה מִפְּנֵי שֶׁהָאִשָּׁה טָוְתָה, (אֲבָל/אֶלָּא) מִפְּנֵי שֶׁהִיא הִתְבַּטְּלָה.
3. הַנָּשִׁים לֹא נָחוּ בְּשַׁבָּת, (אֲבָל/אֶלָּא) עָסְקוּ בְּדִבְרֵי שְׁטוּת.
4. הַחֲכָמִים לֹא פָּסְלוּ אֶת הַסִּפּוּר, (אֲבָל/אֶלָּא) נִסּוּ לְשַׁפֵּר אוֹתוֹ.
5. נָשִׁים אֵינָן אֲסוּרוֹת בִּמְלָאכָה בְּרֹאשׁ-חֹדֶשׁ, (אֲבָל/אֶלָּא) מֻתָּר לָהֶן לֹא לַעֲבֹד.

ג. כְּתֹב מֵחָדָשׁ בְּעֶזְרַת כִּנּוּיִים סְתָמִיִּים (מַה שֶּׁ-/מִי שֶּׁ-):

1. כּוֹתֶרֶת הַסִּפּוּר מִתְיַחֶסֶת לְכָל *הָאֲנָשִׁים*, שֶׁמְּבַטְּלִים אֶת זְמַנָּם בְּדִבְרֵי שְׁטוּת.

____

2. *הַחֵטְא*, שֶׁהַשְּׁכֵנוֹת חָטְאוּ, יוֹתֵר חָמוּר מֵחִלּוּל שַׁבָּת.

____

3. הַחֵלֶק הַשֵּׁנִי בַּסִּפּוּר מַדְגִּישׁ אֶת *מוּסַר הַשֵּׂכֶל*, שֶׁכָּתוּב בַּחֵלֶק הָרִאשׁוֹן.

____

שעור ל"ב

ד. בְּחַר שָׁרָשִׁים מֵהַשּׁוּלַיִם, וְהַשְׁלֵם אֶת הַמִּשְׁפָּטִים בְּ הֻפְעַל:

1. הַקְּשָׁרִים בֵּין שְׁנֵי חֶלְקֵי הַסִּפּוּר ____________ עַל יְדֵי הַסּוֹפֵר. (פלא)

2. הַשְּׁכִינָה אֵינֶנָּה דְּמוּת רְגִילָה. הִיא ____________. (חטא)

3. הַגַּלְגַּל ____________ עַל יְדֵי הָאָדָם הַקַּדְמוֹן. (סתר)

4. הָאִשָּׁה בַּסִּפּוּר ____________, שֶׁלֹּא בְּכַוָּנָה, עַל יְדֵי מֹשֶׁה. (שנא)

5. אִם תַּכְרִיחִי אוֹתָנוּ לִשְׁמֹעַ אֶת הַשִּׁיר שׁוּב וָשׁוּב, הוּא ____________ עָלֵינוּ. (מצא)

ה. כְּתֹב בְּדִבּוּר עָקִיף:

1. הִיא שָׁאֲלָה אוֹתוֹ: "אַתָּה נֶהֱנֶה מֵהַסִּפּוּר?"

____

2. הוּא אָמַר: "אֵינֶנִּי מֵבִין אוֹתוֹ."

____

3. הִיא שָׁאֲלָה אוֹתוֹ: "מַדּוּעַ אֵינְךָ מֵבִין?"

____

4. הוּא עָנָה: "קָשֶׁה לִי לִרְאוֹת מַה הַקֶּשֶׁר בֵּין שְׁנֵי הַחֲלָקִים?"

____

5. הִיא אָמְרָה לוֹ: "קְרָא שׁוּב, וַחֲשֹׁב עַל כּוֹתֶרֶת הַסִּפּוּר!"

____

ו. הֲפֹךְ מִפָּעִיל לְסָבִיל:

1. הַחֲכָמִים הִדְגִּישׁוּ אֶת חֲשִׁיבוּת הַשַּׁבָּת. ____________

2. אַתָּה מַרְאֶה לָנוּ תְּמוּנוֹת מִיִּשְׂרָאֵל. ____________

3. הִיא הִפְנְתָה אוֹתִי אֵלֶיךָ. ____________

4. הֵם יַלְווּ לָנוּ כֶּסֶף לִמְכוֹנִית. ____________

5. הוּא הִרְצָה אֶת הַהַרְצָאָה הָאַחֲרוֹנָה. ____________

6. אַתְּ מַקְנָה לָנוּ יְדִיעוֹת רַבּוֹת. ____________

שֵׁם: ____________________

ז. הַשְׁלֵם בְּעֶזְרַת צוּרוֹת שֶׁל אוֹתוֹ וְשֵׁם עֶצֶם:

1. עַגְנוֹן נָגַע, בִּשְׁנֵי חֶלְקֵי הַסִּפּוּר, בְּכַמָּה מֵ__________ __________.

2. שְׁנֵי חֶלְקֵי הַסִּפּוּר מַגִּיעִים לְ__________ __________.

3. יִרְאַת חֵטְא הִיא __________ __________ כְּמוֹ יִרְאַת שָׁמַיִם.

4. הַשְּׁכִינָה אֵינֶנָּה מוֹפִיעָה אֵצֶל עַגְנוֹן בְּ__________ __________ שֶׁבָּהּ הִיא מוֹפִיעָה אֵצֶל בְּיָאלִיק.

ח. כְּתֹב בִּשְׁתֵּי מִלִּים:

1. קָחֵנוּ ____________________

2. יַכְנִיסֵךְ ____________________

3. הוֹשִׁיבָם ____________________

ט. חַלֵּק לַהֲבָרוֹת, צַיֵּן אֶת הַטַּעַם וְנַקֵּד:

בבקור הראשון שלו, הוא לא הבין מדוע השכינה נמצאת שם.

____

____

א. בְּחַר בַּתְּשׁוּבָה הַנְּכוֹנָה, וְסַמֵּן אוֹתָהּ בְּעִגּוּל:

1. מַה נּוֹשֵׂא הַשִּׁיר "יֵשׁ לִי גַּן"?
   - א. שְׁאִיבַת מַיִם
   - ב. לֵיל מְנוּחָה
   - ג. פְּגִישַׁת אוֹהֲבִים
   - ד. מִשְׁפַּחַת הַמְּשׁוֹרֵר

2. מַה פֵּרוּשׁ הַמִּלָּה "מַחֲמַדִּי"?
   - א. אֲהוּבִי
   - ב. בְּנִי
   - ג. אוֹרְחִי
   - ד. שְׁכֵנִי

3. מַה מְּטַפְטֵף מֵהַדְּלִי לַבְּאֵר?
   - א. מַיִם
   - ב. זָהָב
   - ג. דְּמָעוֹת
   - ד. אֲבָנִים יְקָרוֹת

4. מֵאַיִן שׁוֹתֶה הַ"מַּחֲמַד"?
   - א. מֵהַבְּאֵר
   - ב. מֵהַדְּלִי
   - ג. מֵהַכַּד
   - ד. מֵהַכּוֹס

5. בַּשִּׁיר, "תַּפּוּחַ וַאֲגָס" הֵם:
   - א. אֲנָשִׁים
   - ב. חַיּוֹת
   - ג. פְּרָחִים
   - ד. עֵצִים

6. מַה הַקֶּשֶׁר בֵּין לֵב הַבַּחוּרָה לַדְּלִי?
   - א. שְׁנֵיהֶם מְלֵאִים מַיִם
   - ב. שְׁנֵיהֶם מִתְרַגְּשִׁים
   - ג. שְׁנֵיהֶם יְשֵׁנִים
   - ד. שְׁנֵיהֶם עֲצוּבִים

7. בְּבַיִת ד, הַשּׁוּרוֹת "הַס . . . עוּף" מְשַׁקְּפוֹת אֶת
   - א. דְּפִיקוֹת הַלֵּב שֶׁל הַבַּחוּרָה
   - ב. מַשַּׁב הָרוּחַ בַּלַּיְלָה
   - ג. דַּאֲגַת הַהוֹרִים
   - ד. רִשְׁרוּשׁ הַמַּיִם בַּבְּאֵר